Königs Erläuterungen und Materialien
Band 360

Erläuterungen zu

Theodor Fontane

Frau Jenny Treibel

oder „Wo sich Herz zum Herzen find't"

von Martin Lowsky

Bange
Verlag

Über den Autor dieser Erläuterung:

Martin Lowsky, geb. 1945, Studium der Romanistik, Mathematik und Vergleichenden Literaturwissenschaft in Tübingen und Heidelberg, Promotion 1975, Abhandlungen zur deutschen und französischen Literatur (Bloch, Fontane, Storm, Valéry, Voltaire) und zur Pädagogik (Erich Fromm). Buchveröffentlichungen: *Karl May*, Stuttgart 1987; *Zettelkasten - Aufsätze und Arbeiten zum Werk Arno Schmidts*, Bd. 9, Bd. 11 (Hrsg. bzw. Mithrsg.), Frankfurt a. M. 1991 f.; *Nach dem einsamen Orte geflohen ...*, Marbach a. N. 1995, Redaktionstätigkeit für das *Jahrbuch der Karl-May-Gesellschaft* (Husum) und die *Forschungen zu Paul Valéry/Recherches Valéryennes* (Universität Kiel). Unterrichtet an einem Gymnasium in Kiel.

4. Auflage 2008
ISBN: 978-3-8044-1739-7

Titelabbildung: Szenenfoto aus der Verfilmung „Frau Jenny Treibel". BRD (Verfilmung für das Fernsehen/ ARD/BR) 1982. Maria Schell als Jenny.
Druck und Weiterverarbeitung: Tiskárna Akcent, Vimperk

Vorwort

Theodor Fontanes Roman *Frau Jenny Treibel* ist zusammen mit Thomas Manns *Buddenbrooks* das bekannteste Werk über das deutsche Bürgertum - über seine Schwächen, über seine Dekadenz und ebenso über seinen Glanz. Wer *Frau Jenny Treibel* liest, erfährt auch viel über das Ansehen, das echte und falsche Bildung in Deutschland haben. Der Roman, der 1892 zum ersten Mal gedruckt wurde, erzählt von den geistigen Grundlagen, die noch heute im 21. Jahrhundert unser Leben bestimmen.
Fast alles, was dieser Roman kritisiert, kennen auch wir. Jenny, die tränenden Auges Gedichte liest (heute sähe sie die Vorabendserien des Fernsehens) und die zugleich resolut ihr Geld zusammenhält, ist eine uns vertraute Person.
Doch *Frau Jenny Treibel* ist nicht nur ein kritisches Buch, es ist auch ein Lesevergnügen. Denn dieser Roman wird in vielen Momenten zur Komödie. Nicht nur Jenny ‚spielt' ihre verschiedenen Rollen, alle Personen des Romans scheinen uns etwas vorzuspielen. Heutzutage fällt diese spielerische Modernität Fontanes besonders auf. Freilich sind wir inzwischen auch für manche verborgenen Attacken des Romans sensibel. Fontanes Frauengestalten, so die bittere Beobachtung einer Forscherin, leben in einem „geistigen Gefängnis".
Mit diesem Band in der Reihe ‚Königs Erläuterungen' wollen wir die Perspektiven dieses Romans sichtbar machen. In erster Linie aber möchten wir kompakte Übersichten zu Inhalt und Personal, zu Zeitgeist und Örtlichkeit des alten Berlins und zu den Zielen des Realismus bieten und damit dem Leser eine praktische Lektürehilfe geben.
Wir zitieren *Frau Jenny Treibel* nach der Ausgabe in der Reihe ‚Hamburger Lesehefte'; 156 Seiten nimmt hier das Werk ein.

Martin Lowsky

1. Theodor Fontane: Leben und Werk

1.1 Biografie

Jahr	Ort	Ereignis	Alter
1819	Neuruppin	Geburt am 30. Dezember als ältester Sohn des Apothekers Louis Henri Fontane und seiner Frau Émilie, geb. Labry. Beide haben französische Vorfahren.	
1827	Swinemünde (an der Odermündung, heute: Świnoujście)	Nach Pleite des Vaters Neuexistenz	7
1833	Berlin	Schüler der Berliner ‚Gewerbeschule' (Oberrealschule)	13
1836	Berlin	Fontane erwirbt das ‚Einjährige', d. h. die Mittlere Reife. Beginn seiner Apothekerlaufbahn (in Berlin, Leipzig, Dresden, Letschin)	16
1846	Berlin	Fontane trägt im ‚Tunnel über der Spree', einem literarischen Klub, seine Balladen vor; darunter *Der alte Zieten.*	26
1848	Berlin	Während der Revolution Teilnahme an Barrikadenkämpfen: Fontanes rebellische Zeit	28

Jahr	Ort	Ereignis	Alter
1849	Berlin	Fontane gibt den Apothekerberuf auf. Im folgenden Jahr Heirat mit Emilie, geb. Rouanet. Erste Gedichtbände erscheinen.	29
1855	London	Journalist: Pressebeauftragter der preußischen Regierung bis 1859. In dieser Zeit Reise nach Schottland.	35
1860	Berlin (in der folgenden Zeit Reisen in die Mark und zu Kriegsschauplätzen)	Fontane wird Redakteur bei der reaktionären ‚Preußischen Zeitung', genannt ‚Kreuz-Zeitung': Fontanes konservatives Jahrzehnt beginnt. Vorbereitung der *Wanderungen durch die Mark Brandenburg*, die ab 1862 erscheinen.	40
1870	Berlin	Fontane verlässt die ‚Kreuz-Zeitung' und wird Theaterkritiker für die ‚Vossische Zeitung'.	50
Herbst 1870	Lothringen, Besançon, Atlantikinsel Oléron	2-monatige Gefangenschaft in Frankreich während des deutsch-französischen Krieges	50
1874	Venedig, Florenz, Rom, Neapel	3-wöchige Reise nach Italien	54

Jahr	Ort	Ereignis	Alter
1878	Berlin (seit 1872 endgültige Wohnung Potsdamer Straße 134 c)	*Vor dem Sturm* erscheint. Es ist der erste von insgesamt 17 Romanen Fontanes.	58
1880	Berlin	Die Ballade *Die Brück am Tay* erscheint.	60
1882	Berlin	*Schach von Wuthenow* erscheint.	62
1885	Berlin	*Unterm Birnbaum* erscheint, eine von Fontanes Kriminalgeschichten.	65
1887	Berlin	*Irrungen, Wirrungen* erscheint.	67
1892	Berlin	***Frau Jenny Treibel*** erscheint.	72
Ende 1892	Berlin, Riesengebirge	Fontane, an Gehirnanämie erkrankt, genest durch die Arbeit an *Meine Kinderjahre*.	72/73
1894	Berlin	*Effi Briest* erscheint.	74
1898	Berlin	Tod am 20. September. *Der Stechlin*, 1887 in einer Stuttgarter Wochenzeitung erschienen, kommt als Buch im Oktober 1898 (Impressum 1899) heraus.	78

1.2 Zeitgeschichtlicher Hintergrund

1.2.1 Preußen und Berlin

In den 80er Jahren des 19. Jahrhunderts, als Theodor Fontane *Frau Jenny Treibel* begann, war Preußen mit seiner Hauptstadt Berlin erstarkt wie nie zuvor. Im deutsch-dänischen Krieg 1864 hatte es das heutige Schleswig-Holstein und Nordschleswig hinzugewonnen und im deutsch-französischen Krieg 1870/71, gemeinsam mit den süddeutschen Staaten, Elsass-Lothringen erobert. 1871, am Ende dieses Krieges, war in Versailles bei Paris der preußische König Wilhelm I. zum deutschen Kaiser ausgerufen worden. Das Deutsche Reich war damit gegründet, Preußen hatte in ihm eine Vormachtstellung. Das Militär stand in höchstem Ansehen, denn seinen Siegen, zusammen mit Bismarcks Diplomatie, war die Gründung des Reiches zu verdanken.

Deutschland hatte Frankreich eine Kriegsentschädigung von 5 Milliarden Franken abgefordert, eine riesige Summe, die die Wirtschaft ankurbelte und zu zahlreichen Firmengründungen führte. Man spricht daher von den Gründerjahren. Den Fabrikanten und Industriellen – dem Besitzbürgertum – brachten diese Jahre einen bisher unbekannten Reichtum. Nach wie vor lag die politische Macht beim Adel; nur Adlige konnten Offiziere werden. Doch das Kapital des Bürgertums beherrschte die Wirtschaft, das Bürgertum gewann Gewicht neben dem Adel. Zugleich änderte sich das Schulsystem; neben das traditionelle humanistische Gymnasium traten das Realgymnasium und die Oberrealschule.

Gründerjahre

Berlin war die Reichshauptstadt und der bedeutendste Industriestandort Deutschlands. Mit neuen repräsentativen

Bauten entwickelte sich Berlin zur Weltstadt. 1872 wurde der große Neubau des ‚Potsdamer Bahnhofes' zu Berlin eingeweiht. Die Stadtmauer und die Stadttore hatte man schon 1867 abgerissen, mit Ausnahme des heute berühmten Brandenburger Tores. Berlins Bevölkerung wuchs, da die Industrie die Arbeiter anzog. Berlin wurde unter anderem zur Stadt der Mietskasernen und der Hinterhöfe. Auch junge Frauen kamen als Dienstmädchen in großer Zahl nach Berlin. Für diese Unterschicht war das Elend groß; oft wohnten fünfköpfige und noch größere Familien in einem einzigen Raum zusammen. 1871 hatte Berlin 930.000 Einwohner, 1891 war die Zahl von 2 Millionen erreicht; mehr als eine Verdoppelung binnen 20 Jahren!

Bevölkerungswachstum

Die Infrastruktur Berlins wurde mit Hilfe neuer Erfindungen ausgebaut: 1876 war das Rohrpostsystem betriebsbereit, 1881 fuhr die erste Straßenbahn, 1882 wurde das erste Stück der Stadtbahn (S-Bahn) eröffnet, und um 1888 begann der Bau der unterirdischen Kanalisation.

Otto von Bismarck, der Reichskanzler, betrieb eine Politik der Festigung des deutschen Staates und arbeitete dabei vor allem mit den Nationalliberalen, der Partei des wohlhabenden Bürgertums, zusammen. 1883 setzte Bismarck die Sozialgesetzgebung durch, die die Krankenversicherung für Arbeiter einführte. Ein Ziel Bismarcks war dabei auch, die Kampfbereitschaft der Sozialdemokraten zu schwächen. Diese Partei der Sozialdemokraten, die auf Karl Marx zurückgeht, gewann an Einfluss. Ab 1878, formal bis 1890, galt die Partei als illegal auf Grund der ‚Sozialistengesetze', doch ließen sich diese Gesetze in der Praxis nicht halten.

Unter Wilhelm II.
Großmachtstreben

Im Jahre 1888 stieg Wilhelm II. auf den Kaiserthron. 1890 entließ er Bismarck. Unter Wilhelm II. verfolgte

Deutschland immer mehr ein Großmachtstreben in Konkurrenz mit den anderen europäischen Mächten Frankreich, England und Russland.

1.2.2 Die Literaturszene

Die Gründerjahre waren auch eine Blütezeit des Buchhandels. Durch den Fortschritt der Drucktechniken stieg die Zahl der veröffentlichten Bücher. 1890 erschienen in Deutschland 19.000 Buchtitel, die Zahl hatte sich seit 1870 verdoppelt. Gleichzeitig entfaltete sich eine Zeitschriften-Kultur. Vor allem die Familienzeitschriften wie ‚Die Gartenlaube', ‚Daheim' und andere waren beliebt: Sie boten Lesestoff zur Unterhaltung, aber informierten auch mit Illustrationen über die modernen Entwicklungen in der Industrie und den Naturwissenschaften. Die Familienzeitschriften waren also ein weit verbreitetes und vielseitiges Medium, vergleichbar mit dem Fernsehen heute.

Das Bürgertum abonnierte die Zeitschriften, die Herausgeber konnten ihren Autoren gute Honorare bezahlen. Fontanes Romane sind, ehe sie als Buch herauskamen, in solchen Zeitschriften als Fortsetzungsgeschichten gedruckt worden. Sein Roman *Quitt* erschien 1890 in der ‚Gartenlaube', *Frau Jenny Treibel* 1892 in der Literaturzeitschrift ‚Deutsche Rundschau'.

Fontanes Romane in Zeitschriften als Fortsetzungsgeschichten

Die Kombination von Unterhaltung, Information und Literatur in den damaligen Zeitschriften begünstigte eine spezielle Richtung der Literatur, den ‚Realismus'. Diese Richtung verwirklichte sich in Deutschland mit Verspätung. Die großen europäischen

Realismus

Realisten hatten längst vor Fontane ihre Werke verfasst, so die Franzosen Honoré de Balzac (gest. 1850) und Gustave Flaubert (gest. 1880) sowie die Russen Fjodor M. Dostojewski (gest. 1881) und Iwan Turgenjew (gest. 1883).
Etwa gleichaltrig mit Fontane waren die deutschsprachigen Realisten Theodor Storm (1817 bis 1888), Gottfried Keller (1819 bis 1890) und Conrad Ferdinand Meyer (1825 bis 1898). Keller und Meyer waren Schweizer, Storm war Schleswiger. Bedeutende realistische Erzählungen von ihnen sind:
Gottfried Keller: *Romeo und Julia auf dem Dorfe* (1856),
Conrad Ferdinand Meyer: *Das Amulett* (1873),
Theodor Storm: *Der Schimmelreiter* (1888).

1.3 Angaben und Erläuterungen zu wesentlichen Werken

Erst mit 58 Jahren, im Jahre 1878, veröffentlichte Theodor Fontane seinen ersten Roman, erst als fast 70-Jähriger begann er, *Frau Jenny Treibel* zu schreiben. Man könnte meinen, Fontane sei ein Spätentwickler. Aber in Wahrheit sind Fontanes Romane die folgerichtig gewachsenen Gipfelleistungen seines Lebens.

In diese späten Romane ist Fontanes künstlerisches Können eingeflossen, das er sich lebenslang erworben hat bei seiner Arbeit mit verschiedenen literarischen Genres: seinen Balladen, seinen Reiseberichten *Wanderungen durch die Mark Brandenburg* und auch seinen *Theaterkritiken*. Seine Berufsjahre als Apotheker haben Fontane ebenfalls geprägt, und natürlich haben auch seine politischen Erfahrungen in Deutschland und England in seine Romane Eingang gefunden. „Wie er ganz zuletzt war, so war er eigentlich"[1] – dies ist das treffende Urteil über den Autor Fontane. Fontane hat diesen Satz einmal über seinen Vater ausgesprochen.

Der moderne Roman als Bild **seiner** Zeit

Schon 1875 schrieb Fontane: „Der moderne Roman soll ein Zeitbild sein, ein Bild **seiner** Zeit."[2] Die folgende Übersicht über Fontanes Entwicklung zeigt, dass er bewusst oder unbewusst immer auf dieses große Ziel hingearbeitet hat.

1 Reuter, 1. Bd., S. 35; vgl. Fontane, *Werke, Schriften und Briefe*, II/4, S. 151
2 Fontane, *Werke, Schriften und Briefe*, III/1, S. 319

Fontanes Arbeit als Apotheker: Sinn für die Präzision und das Ordnen

Der Balladendichter: die pointierte Formulierung, die spannende Handlung

Der Autor der *Wanderungen durch die Mark Brandenburg*: Gespür für Land und Leute, soziale Probleme

Theaterkritiker: Beobachten und Beurteilen, Sinn für Ironie

→

Der späte Fontane:
die 17 Romane

1878 *Vor dem Sturm*:
Blick in Preußens Vergangenheit

1880 *L'Adultera*
1887 *Irrungen, Wirrungen*
1890 *Stine*
1892 *Frau Jenny Treibel*:
die ‚Berliner Romane'

1894 *Effi Briest* (Roman über einen Ehebruch):
kritische Beobachtung der Gegenwart

1897 *Der Stechlin* (Roman über einen modern denkenden Adligen):
Blick auf ein neues Preußen und die zukünftige moderne Welt

	x	x	x	x	x	
1819 (Geburt)	ab 1836 Apotheker	ab 1846 Balladendichter	ab 1860 *Wanderungen*	ab 1870 Theaterkritiker	ab 1878 die Romane	1898 (Tod)

vier Berliner Romane Fontanes

Frau Jenny Treibel ist einer der vier Berliner Romane Fontanes; die anderen sind *L'Adultera* (ital.: die Ehebrecherin, sprich: ladúltera), *Irrungen, Wirrungen* und *Stine*. *L'Adultera* erzählt, wie die junge selbstbewusste Ehefrau eines Berliner Kommerzienrates ihren Mann verlässt, *Irrungen, Wirrungen* ist die Geschichte einer Liebe zwischen einer Berliner Kunststickerin und einem adeligen Offizier, und *Stine* berichtet das Verhältnis zwischen einem Grafen und einer Näherin, wobei diese Liebe mit dem Selbstmord des Grafen endet. Auch in fast allen übrigen Romanen Fontanes spielt Berlin zumindest als Reisestation eine Rolle.

Seit seinem 14. Lebensjahr wohnte Fontane in Berlin, mit Unterbrechungen allerdings. Trotz all seiner kritischen Haltung zu seiner Zeit und ihrer Gesellschaft lebte Fontane gern in dieser Metropole. Er kannte die Stadtteile mit ihren kulturellen Besonderheiten, und er wusste, welche gesellschaftlichen Schichten für die einzelnen Viertel typisch waren. Er, der London-Erfahrene, war sich auch der provinzlerischen Züge Berlins bewusst. In *Frau Jenny Treibel* sind es die Hamburger Verwandten der Treibels, die Berlin für rückständig halten.

Als Künstler stand Fontane „selbst im Banne der werdenden Weltstadt"[3]. Schon 1860 hatte er in einem Brief an einen Freund, den Schriftsteller Paul Heyse, über Berlin geschrieben:

> *„Das Faktum ist doch schließlich nicht wegzuleugnen, dass das, was hier geschieht und nicht geschieht, direkt eingreift in die großen Weltbegebenheiten. Es ist mir ein Bedürfnis geworden, ein solches Schwungrad in nächster Nähe sausen zu hören, auf die Gefahr hin, dass es gelegentlich zu dem bekannten Mühlrad wird."*[4]

Später, im Jahre 1909, hat der Literaturkritiker Ernst Heilborn in einer Studie über Fontane die Stadt Berlin ‚Fontanopolis' genannt und damit Fontanes Romane geehrt.

Nicht nur durch das Thema Berlin ist der Roman *Frau Jenny Treibel* mit Fontanes übrigem Schaffen verbunden. Fontane

---

3 Nürnberger, *Fontanes Welt*, S. 286

4 Fontane, *Werke, Schriften und Briefe*, IV/1, S. 709

hatte alte, 1865 begonnene Entwürfe zu einem Roman *Allerlei Glück* in der Schublade, in dem er seine Lebenserfahrungen berichten wollte. Diese Entwürfe benutzte er für *Frau Jenny Treibel*. Außerdem hat Fontane sich von dem Lustspiel *Roderich Heller* von Franz v. Schönthan inspirieren lassen. Er hatte es am 26. Februar 1884 im Königlichen Schauspielhaus gesehen. Das Stück handelt von einer reichen Fabrikantenfrau, die ihrem Freund von einst, einem Dichter, nachschwärmt. Fontane fand es sehr gut, und in seiner Theaterkritik hat er diese Frau ausdrücklich als „die ‚Bourgeoise'"[5] bezeichnet, mit demselben Wort, das er für Jenny Treibel benutzt.

5 Fontane, *Werke, Schriften und Briefe*, III/2, S. 634

2. Textanalyse und -interpretation

2.1 Entstehung und Quellen

Vermutlich im Jahre 1882 machte sich Fontane erste Notizen für diesen Roman; da sollte er noch den Titel ‚Die Frau Bourgeoise' tragen. Im Winter 1887/88 begann Fontane die Niederschrift. Am 9. Mai 1888 schrieb Theodor Fontane an den Sohn Theodor: „Nun ist er, im Brouillon [d. h. in einer ersten Fassung] fertig, vorläufig beiseite geschoben. Titel: ‚Frau Kommerzienrätin oder Wo sich Herz zum Herzen findt'".[6]

Im Winter 1887/88 Niederschrift

Erst drei Jahre später, von Februar bis April 1891, machte sich Fontane an die Korrektur des Werkes und bot es am 2. Juli 1891 Julius Rodenberg, dem Redakteur der Literaturzeitschrift ‚Neue Rundschau', an. Nachdem Fontanes Frau Emilie eine Abschrift hergestellt und Fontane darin weiter korrigiert hatte – diese Verbesserungen noch in letzter Minute sind typisch für Fontanes Arbeitsweise –, ging der Text an Rodenberg, der ihn laut Brief vom 18. November 1891 für seine Zeitschrift akzeptierte. Er bat allerdings noch um kleinere Änderungen; auch über den Titel ergab sich mit ihm noch eine Diskussion (‚Frau Kommerzienrat Treibel' stand zur Debatte). *Frau Jenny Treibel oder „Wo sich Herz zum Herzen find't"* erschien in vier Fortsetzungen von Januar bis April 1892 in der ‚Deutschen Rundschau'.

Diesem Vorabdruck folgte die Buchausgabe in 1.500 Exemplaren im Herbst 1892 (datiert auf 1893) im Verlag des Sohnes Friedrich Fontane, Berlin. Noch in demselben Jahr wurden weitere 1.500 Exemplare gedruckt. Auf dem Schutzumschlag

6 Fontane, *Werke, Schriften und Briefe*, IV/3, S. 600

hieß es zusätzlich: „Roman aus der Berliner Gesellschaft". Die ‚Deutsche Rundschau' bezahlte ein Honorar von 3.500 Mark, die Buchausgabe brachte 1892 insgesamt 2.250 Mark ein.

durch seine Verwandtschaft angeregt

Zu diesem Roman ist Fontane auch durch seine Verwandtschaft angeregt worden. Seine Schwester Jenny hatte einen reichen Berliner Apotheker mit großbürgerlichem Lebensstil geheiratet; sie ist ein Vorbild für die Figur Jenny Treibel geworden. Diese Schwester hatte ihm auch von einer reichen Familie mit zwei Söhnen und deren Heiratsproblemen erzählt. Wie im Roman heiratete der jüngere Sohn schließlich seine Schwägerin. Es war die Familie des Kommerzienrates und Chemiefabrikanten Hugo Kunheim. Die Figur der Corinna, diese selbstbewusste junge Frau, hatte ihr Vorbild in Fontanes Tochter Martha, genannt Mete, die 1860 geboren wurde.

Interessanterweise schrieb Fontane etwa gleichzeitig mit *Frau Jenny Treibel* an dem Roman *Unwiederbringlich*, erschienen 1891, der eine tragische Liebes-Verwicklung in Adelskreisen berichtet. Durch diesen Themenwechsel während des Arbeitens hat sich Fontane die Kraft für die Gesellschaftskritik und die Satire in *Frau Jenny Treibel* verschafft.

2.2 Inhaltsangabe

Der Roman spielt in Berlin um das Jahr 1888. Die Titelheldin Jenny ist die Gattin des Industriellen und Kommerzienrates Treibel. Ihr Familienleben und ihre gesellschaftlichen Kontakte bestimmen die Romanhandlung. Die aktivste Person in der Romanhandlung ist Corinna, die Tochter des Professors Wilibald Schmidt. Die Schmidts sind gute Bekannte der Familie Treibel.

Jenny Treibel lädt ein
(1. Kapitel)

In der Wohnung des Professors Wilibald Schmidt in Berlin erscheint an einem Tag Ende Mai Jenny Treibel. Sie lädt die Tochter Corinna Schmidt zu einem Diner ein, das die Treibels zu Ehren Mr. Nelsons geben, eines Geschäftspartners aus Liverpool.

Diner zu Ehren Mr. Nelsons

Jenny und Corinna sprechen über Vergangenes: Jenny, geborene Bürstenbinder, ist die Tochter eines schlichten Materialwarenhändlers und hat in die reiche Kaufmannsfamilie der Treibels hineingeheiratet. Schmidt war einmal ihr Verehrer. Sie schwärmt noch heute von den Gedichten, die er für sie verfasst hat, und sie lobt mit sentimentalen Worten die Jugendzeit, die kleinen Verhältnisse und den Sinn für das Ideale.

Stichwörter/wichtige Textstellen:

„Ach, meine liebe Corinna, glaube mir, kleine Verhältnisse, das ist **das**, was allein glücklich macht." (Sagt Jenny, S. 7)

„Sein Pathos war aber doch etwas theatralisch gehalten und mit einer feinen Ironie gemischt (...)." (Über Schmidt, S. 9)

„Das Sentimentale liebte sie schon damals, aber doch immer unter Bevorzugung von Courmachen und Schlagsahne." (Schmidt über Jenny, S. 10)

Die Gäste des Festes begrüßen sich
(2. Kapitel)

Der nächste Tag. Am späten Nachmittag treffen in der Villa von Kommerzienrat Treibel die Gäste des Festes ein: Sohn Otto, der Holzhändler, mit seiner Frau Helene, der unverheiratete zweite Sohn Leopold, der jugendlich-unaufgeräumt wirkende Ehrengast Nelson, der steife Leutnant a. D. Vogelsang, Corinna Schmidt mit ihrem Cousin Dr. Marcell Wedderkopp, zwei adelige Damen und weitere Junge und Alte.
Man erfährt, dass Treibel eine chemische Fabrik besitzt, die Berliner Blau produziert, und dass er Abgeordneter einer konservativen Splitterpartei werden will. Vogelsang ist sein Wahlmanager.

Stichwörter/wichtige Textstellen:
„O Vogelsang! Eigentlich ist mir der Kerl ein Gräuel. Aber was tut man nicht alles als Bürger und Patriot." (Sagt Treibel, S. 13)
„‚Gut, dass du kommst, Helene', sagte sie mit einer glücklichen Mischung von Behaglichkeit und Ironie, worin sie, wenn sie wollte, Meisterin war." (Über Jenny, S. 14)

Corinna glänzt auf Treibels Fest
(3. Kapitel)

Beim Speisen mit Blick auf den parkartigen Garten und den Springbrunnen wird viel geplaudert. Jenny, Eleganz und Ruhe ausstrahlend, diskutiert über den Dichter Georg Herwegh. Treibel verteidigt seine Neigungen zur konservativen Politik und erwähnt sein Ziel, als Abgeordneter und durch politische Beziehungen zum Generalkonsul aufzusteigen.

Corinna versucht Eindruck zu machen

Corinna, die zwischen Leopold und Mr. Nelson sitzt, versucht mit ihrem historischen Wissen, speziell über den Seehelden Admiral Nelson, Eindruck zu machen und stellt ihre Begabung im Kunststopfen heraus. Marcell stört Corinnas Aufdringlichkeit. Vogelsang, der den Adel und die Engländer nicht mag, trägt seine politische Idee der „Royaldemokratie" vor.

Stichwörter/wichtige Textstellen:

!

„Aber mir gilt die poetische Welt (...). Alles ist nichtig; am nichtigsten aber ist das, wonach alle Welt so begehrlich drängt: äußerlicher Besitz, Vermögen, Gold." (Jenny zu Vogelsang, S. 22)

„‚Sie führen einen so schönen Namen', wandte sie sich an Mr. Nelson, ‚so schön und berühmt (...).'" (Corinna zu Nelson, S. 25)

„Auch Vetter Marcell (...) war nicht recht zufrieden, weil er davon ausging, dass seine Cousine ein solches Hasten und Sich-in-Szene-Setzen nicht nötig habe (...)." (S. 28)

Jenny singt ihr Lied
(4. Kapitel)

Auf der Veranda und im Garten nimmt man einen Kaffee ein. Wieder ergeben sich Gesprächsrunden: Treibel spricht mit Vogelsang und Polizeiassessor Goldammer über Politik, Corinna unterhält sich weiter mit Nelson und Leopold. Der ehemalige Opernsänger Adolar Krola trägt Balladen vor, die Felgentreus, zwei junge Mädchen, singen ebenfalls, und schließlich bringt Jenny, von Krola am Flügel begleitet, ihr Lieblingsstück zu Gehör. Es ist ein gefühlvolles Gedicht, das Schmidt für sie geschrieben hat.

Stichwörter/wichtige Textstellen:
„I can't see, what it means; music is nonsense." (Sagt Nelson, S. 35)
„Ach nur das, nur das ist Leben, / **Wo sich Herz zum Herzen find't**." (Schlussverse von Jennys Lieblingslied, S. 38)

Corinna verteidigt sich vor Marcell
(5. Kapitel)

Zerwürfnis

Corinna und ihr Cousin Marcell, nach dem Fest auf dem Heimweg, haben ein Zerwürfnis. Marcell, der sie gern heiraten würde, hat bemerkt, dass Corinna vor Nelson glänzen wollte, um damit Leopold Treibel zu bezaubern. Dies wirft er ihr vor und erklärt, dass dieser weiche und langweilige Mensch nicht zu ihr passe. Corinna verteidigt ihre Taktik des Werbens und sagt offen, dass sie sich als Ehefrau des begüterten Leopold wohl fühlen würde.

Stichwörter/wichtige Textstellen:
„(...) du hast doch den Fehler, den viele gescheite Leute haben, dass sie die anderen für ungescheiter halten, als sie sind." (Marcell zu Corinna, S. 40)
„Aber ein Hang nach Wohlleben, der jetzt alle Welt beherrscht, hat mich auch in der Gewalt (...)." (Corinna zu Marcell, S. 43)

„Wenn ich bei Papa die dicken Bücher abstäube, drin niemand hineinsieht, auch er selber nicht, (...) Leopold Treibel erscheint mir dann mit einem Mal als der Rettungsanker meines Lebens (...)." (Corinna zu Marcell, S. 44)

Geselliger Abend bei Schmidt
(6. Kapitel)

Sieben Waisen Griechenlands

An demselben Abend hat, wie allwöchentlich, bei Professor Schmidt ein Kreis von Kollegen seinen Termin, die ‚Sieben Waisen Griechenlands' (nicht: Weisen). Nach und nach treffen der elegante Französischlehrer Etienne, der rückwärts gewandte Gymnasialdirektor Distelkamp und der Zeichenlehrer Friedeberg ein. Über die Abwesenden wird geklatscht.
Ihre klassische, d. h. griechisch-lateinische Bildung nehmen die Herren sehr ernst. In einer Diskussion mit Distelkamp lobt Schmidt die neue Zeit, in der weniger die Autorität des Amtes, sondern die Autorität des Könnens zählt. Daher rühmt er den nicht studierten, aber sehr erfolgreichen Altertums-Forscher Heinrich Schliemann.

Stichwörter/wichtige Textstellen:
„Offenheit und Ehrlichkeit im Verkehr mit- und untereinander war keineswegs ein hervorstechender Zug der ‚sieben Waisen', eher das Gegenteil." (S. 46)
„Mit der geschwollenen Wichtigtuerei, mit der Pompositāt ist es heutzutage nicht mehr getan. An die Stelle dieser veralteten Macht ist die reelle Macht des wirklichen Wissens und Könnens getreten (...)." (Sagt Schmidt, S. 50)

Schmidt macht Marcell Mut
(7. Kapitel)

Schmidt und seine Gäste speisen Krebse, die ihnen die Haushälterin Schmolke serviert. Beim Plaudern zeigt sich Schmidts Vorliebe für die historische Anekdote.

Marcell nimmt an der Männerrunde teil

Corinna kehrt in Marcells Begleitung von Treibels Fest zurück. Marcell nimmt noch an der Männerrunde teil. Danach berichtet er seinem Onkel Schmidt bekümmert von Corinnas Plänen, sich Leopold Treibel zu erobern. Schmidt hält Corinnas Pläne für eine vorübergehende Laune, und er ist sich sicher, dass Jenny Treibel Corinnas Pläne durchkreuzen wird. Jenny werde für Leopold eine reiche Frau aussuchen, so wie sie seinerzeit nicht Schmidt, sondern den Fabrikanten Treibel geheiratet habe. So macht Schmidt Marcell Hoffnung auf Corinna.

Stichwörter/wichtige Textstellen:

„Das Nebensächliche, so viel ist richtig, gilt nichts, wenn es bloß nebensächlich ist, wenn nichts drinsteckt. Steckt aber was drin, dann ist es die Hauptsache, denn es gibt einem dann immer das eigentlich Menschliche." (Sagt Schmidt, S. 56)

„Das Poetische hat immer Recht; es wächst über das Historische hinaus ..." (Sagt Schmidt, ebd.)

Jenny Treibel „ist der Typus einer Bourgeoise". (Sagt Schmidt, S. 64)

Sie „ist eine gefährliche Person, und umso gefährlicher, als sie's selbst nicht recht weiß und sich aufrichtig einbildet, ein gefühlvolles Herz und vor allem ein Herz ‚für das Höhere' zu haben." (Sagt Schmidt, S. 65)

Alltagsärger und Pläne in der Familie Treibel
(8. Kapitel)

Am Morgen nach ihrem Fest redet Jenny mit ihrem Mann über Helene, die aus Hamburg stammende Schwiegertochter, und deren Schwester Hildegard. Jenny sind die Hamburger Verwandten zu eingebildet; sie ist daher dagegen, dass Leopold Hildegard heiratet. Dies aber – weiß Jenny – wünscht Helene und hätte daher gern, dass Jenny und ihr Mann einmal Hildegard einladen.
Zur selben Zeit spricht auch Helene mit ihrem Mann hierüber. Helene ist stolz auf ihre Hamburger Herkunft und ihren englischen Lebensstil. Die Tochter Lizzi, ein blasses, weiß gekleidetes Mädchen, wird zu einem Musterkind erzogen.

Leopold will um Corinnas Hand anhalten

Auch zu dieser Stunde macht Leopold Treibel seinen üblichen Morgenritt nach Treptow. Ihm geht durch den Kopf, wie ihn die Familienangehörigen maßregeln. Doch Corinnas Verhalten auf dem Fest gibt ihm Mut; er will um Corinnas Hand anhalten.

Stichwörter/wichtige Textstellen:

!

„Ich weiß nicht, wo beide Jungen diese Milchsuppenschaft herhaben." (Jenny über ihre Söhne, S. 69)
„Ordnungsmäßig hatte Lizzis Leben begonnen, und ordnungsmäßig war es fortgesetzt worden." (S. 72)
„Ich weiß, ich bin kein Held, und das Heldische lässt sich nicht lernen." (Leopold im Selbstgespräch, S. 81)

Vogelsangs Misserfolg
(9. Kapitel)

Eine Woche später. Im Hause Schmidt herrscht schlechte Stimmung, weil Corinna und Marcell miteinander grollen. In einer liberalen Zeitung liest Treibel bitteren Spott über Vogelsang und seine politischen Ideen. Treibel erwägt, sich von Vogelsang und den Plänen, Abgeordneter zu werden, zurückzuziehen.

Mit Fräulein Honig, der bei Treibels angestellten Gesellschafterin, spricht Treibel über seine Enkelin Lizzi und ihr oberflächliches Herausgeputztsein. Die beiden Mädchen Felgentreu erscheinen zusammen mit Helene und laden die Treibels für den Nachmittag zu einer Landpartie nach Halensee ein.

Stichwörter/wichtige Textstellen:

„(...) bin ich auf den dummen Kerl und Prinzipienreiter eingeschworen. Ich werde mich aber aus der ganzen Geschichte herausziehen, und zwar für immer; der Gebrannte scheut das Feuer ..." (Treibel über Vogelsang und sich selbst, S. 87)

„Wenn der Engel weiter nichts ist als ein Waschengel und die Fleckenlosigkeit der Seele nach dem Seifenkonsum berechnet (...) wird, so erfüllt mich dies mit einem leisen Grauen." (Sagt Treibel, S. 89)

Corinna und Leopold verloben sich
(10. Kapitel)

In der Gaststätte von Halensee trifft die Gesellschaft zusammen, zu der auch Schmidt, Corinna, Krola und ein Gesangsquartett (zwei Kaufleute, zwei Referendare) gehören. Zuletzt kommt Leopold an, lächerlicherweise in einer schäbigen

Droschke. Beim Spaziergang dann hat man sich in kleine Gruppen aufgeteilt.
Treibel erklärt Krola die streiterfüllte Ehe von Otto und Helene. Hierüber spricht auch Jenny mit Schmidt und wehrt das Gerücht einer Verbindung Leopold/Hildegard ab. Sie erzählt Schmidt auch von ihren eigenen Wünschen nach dem „Glück", nach Einfachheit und nach einem poesieerfüllten Leben. Schmidt spielt den Mitfühlenden.

Jennys Wünsche nach dem „Glück"

Corinna und Leopold gehen zusammen. Auch Corinna kommt auf Hildegard zu sprechen, doch nur, um Leopold zu provozieren. Der fasst sich ein Herz und gesteht Corinna seine Liebe. Dies ist ihre Verlobung. Leopold verspricht, dass er den Kampf mit seiner Mutter aufnehmen werde.

Stichwörter/wichtige Textstellen:
„Kein Donnerwetter, nur kleine Worte mit dem Giftgehalt eines halben Mückenstichs, oder aber Schweigen, Stummheit, Muffeln, das innere Düppel der Ehe, während nach außen hin das Gesicht keine Falte schlägt." (Treibel über Ottos und Helenes Ehe, S. 98)
„‚Alles große Glück ist ein Märchen', wiederholte Jenny langsam und gefühlvoll." (Ebd.)
„Ja, Leopold, ein Leben voll Glück und Liebe liegt vor uns, aber es hat deinen Mut und deine Festigkeit zur Voraussetzung (...)." (Corinna zu Leopold, S. 105)

Corinna unterhält sich mit Frau Schmolke (11. Kapitel)

Am Abend, wieder zu Hause, fühlt sich Corinna krank. Die Haushälterin Schmolke umsorgt sie. Die beiden unterhalten sich über Schmidt, der Corinnas Erziehung vernachlässigt hat, über Schmolkes verstorbenen Mann, der, bei der Sittenpolizei angestellt, Prostituierte verhören musste und so seine Frau eifersüchtig gemacht hat, und schließlich über Jenny Treibel und ihr theatralisches Auftreten.

Frau Schmolke empfiehlt Marcell

Dann berichtet Corinna ihre Verlobung mit Leopold Treibel. Frau Schmolke meint, Marcell würde besser zu ihr passen.

Stichwörter/wichtige Textstellen:
„Denn er habe den Fehler, den so viele hätten, und die Schmidts voran: Sie red'ten über alles und wüssten alles besser." (Frau Schmolke über Professor Schmidt, S. 112)
Schmidt war „immer zu sehr von mir eingenommen und sagte: ‚Das Schmidtsche hilft sich selbst' oder ‚es wird schon zum Durchbruch kommen'." (Sagt Corinna, ebd.)
„Der arme Leopold hat eigentlich eine große Furcht vor ihr und weiß auch noch nicht, wie er da heraus will." (Corinna über Leopold und Jenny, S. 114)

Jenny verbietet Leopold die Heirat
(12. Kapitel)

Zu dieser Stunde teilt auch Leopold seiner Mutter mit, dass er sich verlobt habe. Jenny, zuerst fast ohnmächtig, fährt Leopold scharf an: Die Schmidts seien den Treibels nicht ebenbürtig, Leopold habe sich von Corinna einfangen lassen, zu einer Hochzeit dürfe es nicht kommen. Leopold zieht sich wortlos zurück.
Treibel hat an einer Wahlversammlung teilgenommen; er hat sich dort von Vogelsang getrennt. Jenny berichtet ihm die

Auseinandersetzung mit Leopold. Treibel widerspricht Jenny und hält ihr vor, dass weder die Treibels noch Jennys Vorfahren zu den wirklich Vornehmen gehören. Aber heimlich fragt er sich, ob Jenny doch Recht hat.

Stichwörter/wichtige Textstellen:
„Jenny war derart betroffen, dass ihre sentimentalen Anwandlungen auf der Stelle hinschwanden." (Als Leopold eine Unterredung will, S. 116)
„,Ich habe mich verlobt.' So geht das nicht in unsern Häusern." (Jenny zu Leopold, S. 118)
„In meinem Hause existiert keine Verlobung und keine Corinna." (Sagt Jenny, ebd.)

Hildegard aus Hamburg wird eingeladen (13. Kapitel)

Am Morgen darauf schreibt Jenny einen Brief nach Hamburg: Sie lädt mit herzlichen Worten Hildegard ein und weist sie aufdringlich auf Leopolds Anwesenheit hin. Helene erscheint; sie hat mit Schrecken von Leopolds Verlobung mit Corinna erfahren. Helene ist mit Jenny völlig einig, dass Hildegard kommen soll und der Brief die richtige Taktik ist.

Jenny wirft Corinna Dreistigkeit vor

Jenny begibt sich zu Schmidts. Sie wirft Corinna Dreistigkeit und Hochmut vor und verlangt die Auflösung des Verlöbnisses. Corinna verteidigt sich selbstbewusst, und Schmidt bittet Jenny vorsichtig, Corinnas Tun zu respektieren.

Stichwörter/wichtige Textstellen:
„Briefe, wenn ihr die Stimmung nicht fehlte, gingen ihr immer leicht von der Hand, aber nie so wie heute (...)." (Über Jenny, S. 124)
Schmidt „sah, dass er sich in seiner alten Freundin nicht getäuscht hatte, dass sie, völlig unverändert, die, trotz Lyrik und Hochgefühle, ganz ausschließlich auf Äußerlichkeiten gestellte Jenny Bürstenbinder von ehedem war (...)." (S. 129)
„Ich habe meinen guten Verstand und bin offen und frei und übe damit eine gewisse Wirkung auf die Männer aus, mitunter auch gerade auf solche, denen das fehlt, was ich habe, – soll ich mich dessen entkleiden?" (Corinna zu Jenny, S. 131)
„Corinna, wenn ich nicht Professor wäre, so würd ich am Ende Sozialdemokrat." (Schmidt nach dem Streit mit Jenny, S. 133)

Corinna liebt Leopold doch nicht
(14. Kapitel)

Hildegard trifft bereits am übernächsten Tag im Hause Treibel ein und wirkt durch ihre Unbefangenheit sympathisch. Die Stimmung ist aber gedrückt, weil Leopold nicht nachgibt. Außerdem hat Treibel eine Wahlniederlage erlitten.
Täglich erhält Corinna einen Brief von Leopold, was ihr zuwider wird, da Leopold nicht selbst kommt. Corinna spürt, dass Jenny ihr im Grunde nicht übersteigertes Selbstbewusstsein vorwirft, sondern den Versuch, in ihre reiche Familie einzudringen.
Anderthalb Wochen vergehen. Corinna bekennt Frau Schmolke, dass sie Leopold nicht liebt. Frau Schmolke freut sich über Corinnas Umschwung und hat schon die Hochzeit von Corinna und Marcell vor Augen.

Stichwörter/wichtige Textstellen:
„Die Schmolke war natürlich ganz entgegengesetzter Ansicht und hielt, wie die meisten alten Berlinerinnen, außerordentlich viel von ‚sich aussprechen', je mehr und je öfter, desto besser." (S. 136)
„Denn mir ist, als schriebe er jeden Tag dasselbe. Sonderbare Verlobung." (Corinna über Leopold, S. 138)
„Und damit umarmte Corinna die gute Schmolke (...). ‚Na, Corinna, denn wollen wir's schon kriegen, un es kann noch alles gut werden.'" (S. 142)

Marcell kommt
(15. Kapitel)

Sofort teilt Frau Schmolke Schmidt den Umschwung Corinnas mit. Schmidt hat gerade erfahren, dass sein Neffe Marcell die ersehnte Anstellung an einem Gymnasium bekommen wird. Am Nachmittag erscheint Marcell. Schmidt legt ihm die neue Lage dar, nennt aber auch Corinnas Eitelkeit, die sie zu Leopold hingetrieben habe. Marcell nimmt ihr die Torheit mit Leopold nicht übel.

Stichwörter/wichtige Textstellen:
„In eine Herzogsfamilie kann man allenfalls hineinkommen, in eine Bourgeoisfamilie nicht." (Sagt Schmidt, S. 146)

Corinna und Marcell heiraten
(16. Kapitel)

Corinna erhält den entscheidenden Brief von Marcell. Er bittet sie in aller Form, seine Frau zu werden. Schmidt malt Corinna sofort aus, wie sie mit Marcell in Griechenland archäologische Studien unternimmt und wie rasch Marcell Karriere machen wird. Corinna verkündet Leopold das Ende ihrer Beziehung. Marcell erscheint am Abend und bekommt von Corinna das ‚Ja'. Zwei Tage später sind schon die Verlobungsanzeigen verschickt. Auch bei Treibels trifft die Anzeige ein. Man freut sich dort, der Verlobung von Leopold und Hildegard steht nichts mehr im Wege.

Verlobung von Leopold und Hildegard geplant

Am letzten Juli-Sonnabend findet Corinnas und Marcells Hochzeit statt. Auch alle Treibels mit Ausnahme von Leopold sind zugegen, Nelson schickt ein Glückwunschtelegramm. Zu später Stunde – das Paar ist schon zur Hochzeitsreise aufgebrochen, auch Jenny ist nicht mehr da – singt Adolar Krola Jennys sentimentales Lied. Schmidt, schon leicht betrunken, ist gerührt von seinem eigenen Dichten. Er glaubt, Jennys Sentimentalitäten mitfühlen zu können.

Stichwörter/wichtige Textstellen:

„Diese Treibelei war ein Irrtum, ein ‚Schritt vom Wege', wie jetzt (...) auch ein Lustspiel heißt, noch dazu von einem Kammergerichtsrat." (Schmidt zu Corinna, S. 149)

„Ich glaube auch nicht, dass ich sehr unglücklich geworden wäre, das liegt nicht in mir, freilich auch wohl nicht sehr glücklich. Aber wer ist glücklich? Kennst du wen?" (Corinna, an Leopold denkend, zu Marcell, S. 150 f.)

„Wenn Geld alles ist und Herz und Sinn verengt und zum Überfluss Hand in Hand geht mit Sentimentalität und Tränen – dann empört sich's hier (...)." (Sagt Corinna, S. 151)

„Geld ist Unsinn, Wissenschaft ist Unsinn, alles ist Unsinn. Professor auch." (Sagt Schmidt, S. 156; es sind fast die letzten Worte des Romans.)

2.3 Aufbau

2.3.1 Die Grundstruktur der Handlung

1. Kap. Jennys Einladung	2. Kap. Eröffnung des Festes bei Treibels	Das Fest bei Treibels und seine Nachwirkungen	10. Kap. In Halensee; Corinna Schmidt verlobt sich mit Leopold Treibel, Jennys Sohn.	Erregte Diskussionen in beiden Familien	Kap. 13/2 Jenny streitet mit Corinna: Sie verbietet ihr die Heirat.	Corinna gibt nach.	16. Kap. Hochzeit Corinnas mit ihrem Vetter Marcell. Jenny ist anwesend.
Exposition: Einblick in die besitzbürgerliche (bourgeoise) und die bildungsbürgerliche Welt	**Beginn der Handlung:** Menschen verschiedener Herkunft treffen zusammen.	⟶	**1. Höhepunkt:** Corinnas Streben ins Besitzbürgertum	⟶	**2. Höhepunkt:** Das Besitzbürgertum zeigt Widerstand.	⟶	**Schluss:** Das Besitzbürgertum setzt sich durch. Jenny bleibt die, die sie immer war.

2.3.2 Übersicht und Chronologie der Kapitel

In der folgenden Übersicht der 16 Kapitel des Romans erscheinen in der Darstellung nach rechts gerückt die Kapitel, die von den Treibels, und nach links gerückt die, die von den Schmidts handeln. In einigen Fällen erscheinen Kapitel oder Kapitelteile nebeneinander; diese laufen gleichzeitig oder nahezu gleichzeitig ab. Der Roman spielt laut S. 3 und S. 152

zwischen Ende Mai und Ende Juli. In welchem Jahr? Die Forscher haben darauf hingewiesen, dass 1886 und 1888 in Frage kommen. Denn die Jubiläumsausstellung (S. 125) war 1886, und ebenfalls 1886 war die öffentliche Diskussion um das Bischofsamt des deutschen Kaisers (S. 150). Doch „die neue Dampfbahn" nach Halensee (S. 92) wurde erst 1888 eröffnet. Nach den Angaben S. 152 f. ist die Hochzeit am Sonnabend im Juli, und der Freitag davor mit Polterabend ist der „siebenundzwanzigste". Der 27. Juli 1888 war tatsächlich ein Freitag. Daher beziehen wir die Chronologie auf das Jahr 1888.

Handlung wohl im Jahr 1888

	Sphäre Schmidt	Sphäre Treibel	
Ende Mai (Mi., 30. Mai 1888)	1. Kap. Jenny Treibel kommt zu Schmidts und lädt ein.		**Exposition**
nächster Tag (Do., 31. Mai 1888)	6. und 7. Kap. Geselliger Abend bei Schmidt; anschließend Gespräch Schmidt-Marcell	2.–5. Kap. Fest bei Treibels mit vielen Gästen, anschließend Streitgespräch Corinna – Marcell	**Beginn der Handlung**
nächster Tag (Fr., 1. Juni 1888)		8. Kap. Alltagsärger und Pläne im Hause Treibel, in der Familie Otto Treibels und während des Ausritts Leopold Treibels	
eine Woche später (Fr., 8. Juni 1888)		9. Kap. Vogelsangs Misserfolg	

	10. Kap. Ausflug nach Halensee. Corinna Schmidt verlobt sich mit Leopold Treibel.		**1. Höhepunkt**
	11. Kap. Corinna unterhält sich mit Haushälterin Schmolke.	12. Kap. Jenny verbietet Leopold die Heirat.	
nächster Tag *(Sa., 9. Juni 1888)*		Kap. 13/1 Jenny lädt Hildegard aus Hamburg ein.	
	Kap. 13/2 Jenny bei Schmidts; ihr Streit mit Corinna: Sie verbietet ihr die Heirat mit Leopold.		**2. Höhepunkt**
nächste Tage *(So., 10. Juni,* *Mo., 11. Juni 1888)*	Kap. 14/2 Corinna denkt über Leopold nach.	Kap. 14/1 Hildegard meldet ihr Kommen bei Treibels. Sie erscheint.	
eineinhalb Wochen später *(Mi., 20. Juni 1888)*	Kap. 14/3 Corinna will Leopold aufgeben. 15. Kap. Marcell kommt zu Schmidts.		
nächster Tag *(Do., 21. Juni 1888)*	Kap. 16/1 Corinna und Marcell verloben sich.		
Ende Juli *(Sa., 28. Juli 1888)*	Kap. 16/2 Corinnas und Marcells Hochzeit mit vielen Gästen, auch Jenny; Schlussszene: Gäste ohne Hochzeitspaar, ohne Jenny		**Schluss**

2.3.3 Örtlichkeiten

Der Roman spielt größtenteils in Berlin im Bereich Köpenicker Straße/Spittelmarkt.

Plan Berlin um 1890: Vom Spittelmarkt zum ehem. Schlesischen Tor (heute: Berlin-Mitte/Berlin-Kreuzberg)

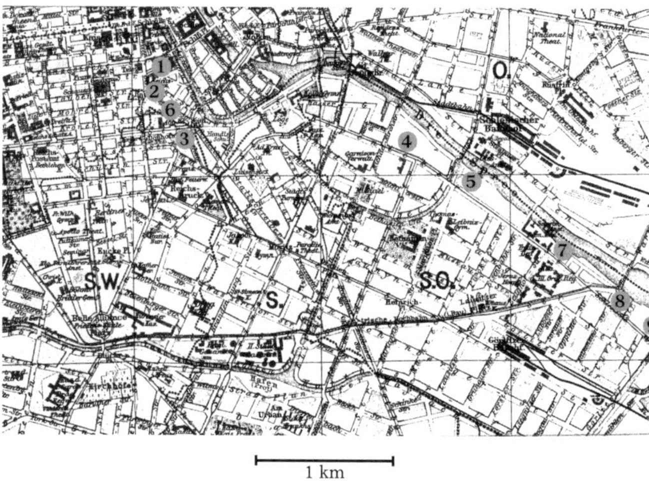

1: Adlerstraße (heute nicht mehr vorhanden) – *Wohnung Schmidts*
2: Kurstraße
3: Spittelmarkt
4: Köpenicker Straße – *Haus Treibels*
5: Köpenicker Straße
6: Alte Leipziger Straße (heute nicht mehr vorhanden; *der Rückweg Corinnas und Marcells nach Treibels Fest verläuft über Fischerbrücke, Nähe Parochialkirche, Alte Leipziger Straße, Raules Hof in die Adlerstraße; 5. Kapitel*)
7: Pionierkaserne (heute nicht mehr vorhanden) – *Nähe Haus Otto Treibels*
8: Schlesische Straße
9: Platz ‚Vor dem Schlesischen Thor' (bis 1867 stand hier das Tor), nach Osten schließt sich an: Treptow – *Leopolds Ausritt im 8. Kapitel*

Das 10. Kapitel führt, 10 km von hier entfernt, in die westlichen Vororte Berlins, nach Halensee und seine Umgebung.

Plan um 1890

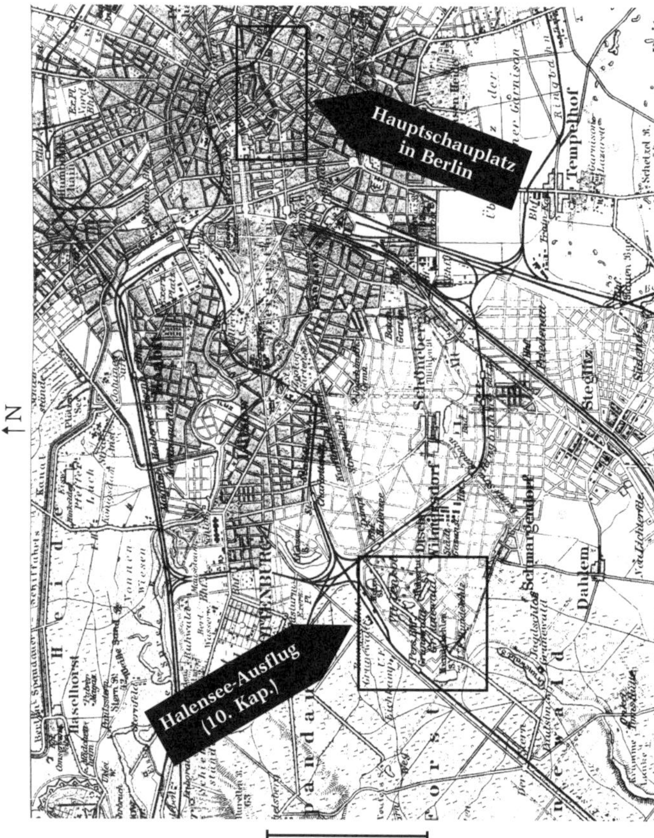

Für den Berliner war die Stadt mit ihren ländlichen Vororten, die als Ausflugsziel beliebt waren, die ihm bekannte Welt; so war es lange im 19. Jahrhundert gewesen. Die Entwicklung des Eisenbahnnetzes, im großen Stil seit 1860, sorgte allmählich für Mobilität und Horizonterweiterung. Die Beziehungen der Treibels nach Hamburg (Otto Treibels Frau Helene ist Hamburgerin) und nach England (Mr. Nelson) deuten im Roman diese Erweiterung an.

Entwicklung des Eisenbahnnetzes

In kleinerem Stil, auf Äußerlichkeiten bezogen, zeigt sich die Horizonterweiterung auch im Haushalt der Treibels: Sie haben ein „Bologneserhündchen" (S. 3, 88), einen „Kakadu" (S. 18) und trinken gern „Sherry" (S. 5).

Die erfahrensten Reisenden, die in *Frau Jenny Treibel* erwähnt werden, sind der Griechenland- und Troja-Forscher Heinrich Schliemann (S. 51 f.) und die Großkaufleute in Helenes Familie, die nach Messina gelangten (S. 73). Solche Ausblicke des Romans in die weite Welt sind zwar knapp, aber Gewicht und Bedeutung der Weltstadt Berlin werden dadurch zurückgenommen.

2.4 Personenkonstellation und Charakteristiken

2.4.1 Die Hauptfiguren

Jenny Treibel,

geborene Bürstenbinder, Gattin des Kommerzienrates Treibel, ist Ende fünfzig, also um 1830 geboren und in den Jahren vor der Revolution von 1848 konfirmiert worden („Mitte der vierziger Jahre, wo ich eingesegnet wurde“, S. 21). Ihr Vater besaß einen kleinen „Materialwarenladen“ (S. 3) in der Adlerstraße in Berlin. Als Kind musste sie im Laden mithelfen.
Ihr angenehmes Äußeres, einstmals „mit kastanienbraunen Locken“ (S. 5), hat sie sich bewahrt, auch wenn sie „rundlich“ (S. 10) geworden ist: Sie ist „trotz ihrer hohen Fünfzig noch sehr gut aussehend“ (S. 3). Beim Diner strahlt sie eine „sichere Ruhe“ aus, und alles an ihrer Erscheinung wirkt „reich und elegant“ (S. 19). Elegant sind auch, wenn sie nur will, ihre Umgangsformen; sie begrüßt ihre Schwiegertochter mit „einer glücklichen Mischung von Behaglichkeit und Ironie“ (S. 14). Dahinter steht ihre Freude an „Äußerlichkeiten“ (S. 129), denn die Grundlage für diese Eleganz ist ihr Reichtum. Dies zeigt sich so: Sie trägt „die kleinen Brillantohrringe, die bei jeder Bewegung hin und her blitzten“ (S. 19). Vielfältig setzt sie ihren Reichtum ein, damit sie und ihre Familie gut zur Geltung kommen. Sie leistet sich besonders zuverlässiges Personal, das „durch hohen Lohn und gute Behandlung festgehalten“ wird (S. 19). Jenny Treibel verstärkt ihre Ausstrahlung durch kleine Tricks: Beim Diner sitzt sie auf einem „untergeschobene[n] Luftkissen, das ihr eine dominierende Stellung gab“ (S. 19).

Willensstärke und Herrschsucht

Hier melden sich ihre Willensstärke und ihre Herrschsucht, die ihr ganzes Leben prägen. In ihrer Jugend ließ sie sich von Schmidt, dem damaligen Studenten, verehren, „hielt" ihn aber „hin" (S. 64) und heiratete den reichen Fabrikanten Treibel. Überhaupt sieht sie die Ehe als Zweckbündnis und bestimmt ihren Söhnen die Ehefrauen. Sie hat Otto die reiche Helene besorgt (sie ihm „hinzugetan", S. 69) und sucht für Leopold die passende Ehefrau, die keine Hamburgerin sein darf und dann doch, nach neuen Plänen, die Hamburgerin Hildegard sein soll. Leopolds heimliche Verlobung mit Corinna Schmidt ist für sie ein Skandal; und zwar weil Leopold ohne ihre Erlaubnis gehandelt hat („‚Ich habe mich verlobt.' So geht das nicht in unsern Häusern", sagt sie zu ihm, S. 118) und vor allem, weil Corinna zu „arm" ist (S. 137).
Jenny ist schlagfertig und entschlussfreudig. Sie schreibt, um Corinna beiseite zu schieben, sofort einen Einladungsbrief an Hildegard (S. 124), und sie verlangt von Corinnas Vater eine Unterredung (S. 127). Dabei stellt sie mit scharfen Worten Corinna zur Rede. Früher duzte sie Corinna und nannte sich ihre „mütterliche Freundin" (S. 4), doch jetzt im Streit sagt sie „Fräulein Corinna" zu ihr (S. 130).
Ihre Freude an Äußerlichkeiten hat einen besonderen Zug: Sie liebt das „Sentimentale" (S. 10). Diese sentimentalen Sehnsüchte gehen in zwei Richtungen. Zum einen schwärmt Jenny für die ‚kleinen Verhältnisse': „Kleine Verhältnisse, das ist **das**, was allein glücklich macht" (S. 7), sagt sie, und als sie einmal eine Plätterin arbeiten sieht, heißt es: „Etwas wie wirklicher Neid überkam sie" (S. 116). Sie erklärt: „Am nichtigsten aber ist das, wonach alle Welt so begehrlich drängt: äußerlicher Besitz, Vermögen, Gold." (S. 22) Zum anderen schwärmt Jenny für die Poesie, „die poetische Welt" (S. 22). Schon als

Kind deklamierte sie gern Gedichte, und über Schmidts kitschige Dichtkunst vom einst urteilt sie: „Das kommt von Gott." (S. 64) Sie erklärt, dass sie „als Gattin eines in der Welt der Ideen und vor allem auch des Idealen stehenden Mannes wahrscheinlich glücklicher geworden wäre." (S. 99)
In solche Gefühlsanwandlungen steigert sich Jenny mit Absicht hinein: „Wenn mir schwer ums Herz ist, dann nehme ich das kleine Buch" - mit Schmidts Gedichten für sie - „und weine mich still aus (...)." (S. 5 f.) Beim Diner singt sie selbst ihr Lieblingslied dieser Sammlung (S. 38). Ihr Sohn Leopold solle, wünscht sie sich, leidenschaftlich und spontan sein: „Wenn er eine Leidenschaft fassen könnte (...), ich könnte mich beinah freuen (...)." (S. 70)

Lob des Einfachen im Widerspruch zu ihrer Freude am Reichtum

Ihr Lob des Einfachen steht im genauen Widerspruch zu ihrer Freude an Reichtum und Eleganz. Der Reichtum ist aber für sie die Hauptsache, die Schwärmereien sind nur „süße Selbsttäuschungen" (S. 116), die sie rasch aufgibt, wenn Konflikte drohen. Als sie Leopolds Heiratspläne ahnt, ist sie „derart betroffen, dass ihre sentimentalen Anwandlungen auf der Stelle dahinschwanden." (S. 116)
Bei alledem ist Jenny nicht als verlogen zu bezeichnen, zu intensiv sind ihre Gefühle. Ihr Besitz macht sie eben so selbstsicher, dass sie sich sogar diese falschen Gefühle erlaubt. Schmidt drückt es so aus: „Nun ist das Püppchen eine Kommerzienrätin und kann sich alles gönnen, auch das Ideale" (S. 10). Er kommt zu dem Schluss: „Ein Musterstück von einer Bourgeoise." (Ebd.) Für den Umgang mit Jenny gilt: „Es ist eine gefährliche Person." (S. 65)

Professor Wilibald Schmidt

ist 60 Jahre alt (S. 107) und unterrichtet an einem Berliner Gymnasium Griechisch und Deutsch. Er wohnt mit seiner Tochter Corinna und der Haushälterin Schmolke in der Adlerstraße in einem schlichten „altmodischen" Haus (S. 3). Seine Frau, Corinnas Mutter, lebt offenbar schon lange nicht mehr.

ein gelassener Mensch

Er ist ein gelassener Mensch, der auch bei aufregenden Vorfällen zuversichtlich in die Zukunft blickt. Als es nach Corinnas Verlobung den Streit mit Jenny gibt, schlägt er ihr kurzerhand vor: „Wollen wir nicht (...) alles den Kindern und einer gewissen ruhigen historischen Entwicklung überlassen?" (S. 132) Entsprechend ist Schmidt nachgiebig und nicht nachtragend gegenüber seinen Mitmenschen. Als Jenny ihn seinerzeit doch nicht erwählte, akzeptierte er das: „Ich bin kein Übelnehmer" (S. 64). Er bleibt Jennys guter Freund, vielleicht auch, weil er immer ein „Auge für das Komische" hat (S. 50).

Die negative Seite dieser Schmidt'schen Haltung ist seine Passivität und „Bequemlichkeit" (S. 7). Er ist „ein liebenswürdiger Egoist" (S. 143). Er gibt zwar seinem Neffen Marcell Wedderkopp manchen Lebensrat (S. 64 f., 145 f.), doch Corinnas Erziehung hat er vernachlässigt. Seine Devise war: „Das Schmidtsche hilft sich selbst" (S. 112). „Papa ist ein guter Professor, aber kein guter Erzieher" (ebd.), sagt Corinna, die aber auch feststellt: „Ich erfreue mich, dank meiner Erziehung, eines guten Teils von Freiheit", d. h. einer inneren Freiheit (S. 42).

Schmidt ist ein kluger Mann. Er durchschaut Jenny Treibel vollständig und verhält sich flexibel im Umgang mit ihr. Mal spricht er zu ihr „mit einer feinen Ironie gemischt" (S. 9) und macht sie während des Streites durch sein korrektes Verhalten nervös (S. 129), mal verstellt er sich und folgt ihren Sentimentalitäten (er spielt „sein Spiel so gut", S. 99). Er weiß, dass er in dem „Militärstaate" Preußen lebt (S. 58), doch im Zorn über Jenny stellt er sich vor, „Sozialdemokrat" zu sein (S. 133).

bereit, sich selbst in Frage zu stellen

Schmidt ist bereit, sich selbst in Frage zu stellen. Er diskutiert mit seinem Kollegen über den erfolgreichen Antike-Forscher Schliemann und betont, dass man diesen Nichtstudierten als Fachmann anerkennen müsse: „Es ist vorbei mit den alten Formen, und auch unsere Wissenschaftlichkeit wird davon keine Ausnahme machen." (S. 51) In den letzten Zeilen des Romans sagt Schmidt, schon angetrunken, sogar: „Ich hätte doch am Ende dabei bleiben sollen" – beim Verfassen von Gedichten –, und ergänzt: „Wissenschaft ist Unsinn, alles ist Unsinn. Professor auch." (S. 156).

Standes- und Bildungsdünkel

Andererseits hat Schmidt Standes- und Bildungsdünkel. Er freut sich, dass Dr. Marcell Wedderkopp, der seine Tochter heiraten wird, Altphilologe ist wie er. Er sagt, „das Höhere" sei das Klassische, d. h. die antike Welt, und hat dabei sogleich die Karriere vor Augen: Marcell werde, eben durch die Beschäftigung mit dem Klassischen, „übers Jahr Privatdozent" an der Universität sein (S. 149). Er meint, dass Corinna durch die Ehe mit diesem tüchtigen Wissenschaftler Marcell glücklich werde. „Das Literarische macht frei ... Jetzt hast du das Richtige wieder gefunden und dich selbst dazu ..." (ebd.). Corinna fühlt sich in diesem Moment hilflos und sucht das Gespräch mit Frau Schmolke. Wieder versagt Schmidt als Erzieher oder Berater seiner Tochter. Ein Interpret stellt über Schmidt fest: „Seine Redegewandtheit ist die Kehrseite eines menschlichen Versagens in der vertraulichen Aussprache."[7]

7 Kafitz, S. 86

Corinna Schmidt

ist die Tochter von Wilibald Schmidt; sie ist 25 Jahre alt. Corinna ist selbstbewusst und hat ein „Bedürfnis nach Aufregung" (S. 151). Sie gilt als intelligent, sagt man doch von ihr, dass „sie dem Alten die Hefte korrigiert" (S. 118). Doch ihre Haushälterin meint: „Du bist übrigens gar nich mal so klug" (S. 141). Bei ihrem Vater erlebt sie Freiheit, vielleicht sogar „Emanzipation", „trotzdem bin ich durchaus kein emanzipiertes Frauenzimmer." (S. 42)

Zugleich bedrückt sie zweierlei. Zum einen das Leben bei ihrem Vater; sie sagt: „Papa ist gut, aber einseitig und eigensinnig" (S. 7), und denkt dabei an seine „dicken Bücher (...), drin niemand hineinsieht, auch er selber nicht" (S. 44). Zum anderen die Tatsache, dass - wir befinden uns im 19. Jahrhundert! - eine Frau in ihrem Alter verheiratet sein müsste („schon sechs Jahre verheiratet" könnte sie sein, S. 113). Sie ersehnt also einen Mann, der sie herausholt. Marcell Wedderkopp ist als Griechischlehrer und Archäologe ein Kollege ihres Vaters. Die Hochzeit mit ihm empfindet sie daher nicht als ein wirkliches Glück. In dem entscheidenden Gespräch mit ihm (S. 151) drückt sie lediglich ihre Freude aus, Leopold und der Bourgeois-Familie Treibel entgangen zu sein.

Corinna macht eine Entwicklung durch

Corinna macht eine Entwicklung durch. In ihrem Wunsch, sich von ihrem Vater zu lösen, lässt sie sich zunächst blenden und erträumt „Besitz und Geld, und überhaupt alles, was schmückt und schön macht" (S. 7). „Ein Hang zum Wohlleben, der jetzt alle Welt beherrscht, hat mich auch in der Gewalt" (S. 43). Bei Treibels Diner bringt sie vor dem Engländer Nelson ihr historisches Wissen und ihre Fähigkeiten im Kunststopfen (S. 27 f.) zur Geltung, nur um Leopold,

den reichen jungen Sohn des Hauses, auf sich aufmerksam zu machen. Auf diese Weise bereitet sie ihrer Verlobung mit Leopold die Bahn. Selbstsicher sieht sie dieses Vorgehen als ihr gutes Recht: „Das ist unser altes Evarecht, die großen Wasser spielen zu lassen und unsere Kräfte zu gebrauchen, bis (...) man um uns wirbt." (S. 42)
Die Verlobung mit Leopold überfordert ihre Kräfte. An demselben Abend fühlt sie sich krank und kommt erst in der häuslichen Umgebung angesichts einer „Schinkenstulle" (S. 109) zu Kräften. In einem Streitgespräch mit Jenny findet sie ihr altes Selbstbewusstsein wieder: „Ich habe meinen guten Verstand und bin offen und frei und übe damit eine gewisse Wirkung auf die Männer aus (...) – soll ich mich dessen entkleiden?" (S. 131)
Später bezeichnet sie ihr Vorgehen als falsch; nicht aber in grundsätzlicher Hinsicht, bekennt sie doch weiterhin: „Besitz und Geld haben einen Zauber" (S. 151). Vielmehr erkennt sie, dass der schläfrige Leopold nicht zu ihr passt und vor allem, dass sie nicht Jennys Schwiegertochter sein kann: „Aber diese Mama, diese furchtbare Frau!" (Ebd.)
Frau Schmolke, die Haushälterin bei Schmidts, werden wir in 2.7.3 behandeln.

Treibel

ist der Besitzer einer chemischen Fabrik, die den Farbstoff Berliner Blau herstellt. Seit drei Generationen betreibt seine Familie das Geschäft und ist dabei immer reicher geworden (S. 11). Treibel hat den Titel Kommerzienrat verliehen bekommen. Er wohnt seit 16 Jahren, also etwa seit der Reichsgründung 1871, neben dem Fabrikgrundstück in der Köpenicker Straße, in einer „modische[n] Villa", die sogar ei-

nen „parkartige[n] Hintergarten" besitzt, allerdings gelegentlich auch vom Fabrikqualm erfasst wird (ebd.).
In Gesellschaft ist er ein guter Plauderer, und er vermag durch „ein leises Augenzwinkern" viel zu sagen (S. 20). Er sieht sich selbstironisch: „Gutta cavat lapidem; der alte Wilibald Schmidt würde sich freuen, wenn er mich so zitieren hörte, vorausgesetzt, dass es richtig ist." (S. 13) Die Hamburgerin Hildegard hält er bei Laune durch witzige Bemerkungen über die Berliner („Natürlich stehen wir noch eine gute Strecke zurück", nämlich hinter Hamburg, S. 152). Im Scherz lässt er sich von ihr zwei Küsse geben und bereitet damit geschickt die inzwischen von allen gewünschte Verlobung Hildegards mit Leopold vor (ebd.).
Treibel ist ein weltoffener Beobachter. Er versteht etwas von der neuen naturwissenschaftlich orientierten Zeit; er sagt: „Alle Naturgesetze schwanken heutzutage. Die Wissenschaft setzt ihnen zu arg zu." (S. 93)

ein weltoffener Beobachter

Treibel hat „gute[] Geistes- und Herzensanlagen" (S. 123), so dass er sich eine vorurteilslose Haltung bewahrt: „Treibel war sehr der Mann der Betrachtung aller Dinge von zwei Seiten her" (ebd.). Kritisch sieht er die Dressierung seiner Enkelin Lizzi hin zu einem Musterkind; ihm wird dabei „himmelangst" (S. 89). Ebenso ist er mit Jennys Anordnungen für Leopold nicht einverstanden (S. 121). Freilich will sich Treibel nicht durchsetzen. Vielmehr „brummte er vor sich hin: ‚Wenn sie am Ende doch Recht hätte!'" (S. 123) Dies liegt an seiner grundsätzlichen Bereitschaft zum Nachgeben; er bekennt sofort, als Jenny fragt, auf wen man die Schläfrigkeit der beiden Söhne Otto und Leopold schieben solle: „Auf mich, Jenny, natürlich auf mich ..." (S. 69). Es liegt aber auch daran, dass er sich als Fabrikbesitzer seiner gesellschaftlichen Schicht angepasst hat: „Der Bourgeois steckte ihm wie seiner sentimentalen Frau tief im Geblüt." (S. 123) Er ist also ein Opportunist.

opportunistisch

Opportunistisch ist auch sein Bestreben, mehr als Kommerzienrat, nämlich „Generalkonsul" (S. 18) zu werden. Er verfolgt diesen Plan, indem er versucht, Abgeordneter einer konservativen Splitterpartei zu sein. Das Projekt scheitert (S. 87). Ohnehin ist die konservative Richtung einem modernen Industriellen nicht angemessen, auch wenn Treibel in seinem Opportunismus meint, dass diese konservative Partei ihn „besser kleidet" (S. 24).

Eine bemerkenswerte Nebenfigur: Zeichenlehrer Professor Friedeberg

Friedeberg gehört zu dem Kreis der ‚Sieben Waisen Griechenlands' um Professor Schmidt (vgl. S. 23 dieser Erläuterung). Doch er wird von diesen Kollegen „für nicht ganz voll angesehen" (S. 45). Warum? Er unterrichtet nicht Fremdsprachen wie die anderen, sondern ‚nur' Zeichnen und Schreiben, und er verdient weniger als die anderen (er ist von „ziemlich beschränkter Finanzlage", S. 46). Und nicht zu vergessen: Er ist jüdischer Herkunft; ‚Friedeberg' ist ein typisch jüdischer Name. Sein „Semitismus", d. h. sein Judentum, wird erwähnt (S. 51). Schmidt nun verteidigt Friedeberg. Er sagt, Friedeberg sei ein „artiger Mann" (d. h. fein und höflich, ebd.) und ein „andächtiger Zuhörer" (S. 45). Vor allem aber betont Schmidt, dass Friedeberg doch ein echter Kollege ist, dass er nämlich von der Antike etwas versteht: Schmidt will ihn über Schliemanns Griechenland-Bücher und die „beigegebenen Zeichnungen" befragen (S. 51).

Später sagt Schmidt zu Corinna: „Das Klassische, das hat Sprüche wie Bibelsprüche." (S. 149) Damit stellt er die Verbindung zwischen der Antike – dem Klassischen – und dem Judentum her, was wieder ein Lob für Friedeberg ist. Schmidt erklärt Marcell: „Die Juden (...) haben ein Gesetz oder einen Spruch, wonach es als ganz besonders strafwürdig gilt, ‚einen Mitmenschen zu beschämen'", und Schmidt ergänzt: „Ich finde, das ist ein kolossal feines Gesetz (...)." (S. 147)
Gewiss, Schmidts Verteidigung des Juden Friedeberg ist immer etwas von oben herab. Sie belegt aber Schmidts weiten Horizont und seine Ablehnung von damals gängigen Vorurteilen.

2.4.2 Gesellschaftliche Stellung der Personen

Mit den Personen dieses Romans stellt Fontane die Gesellschaft des deutschen Kaiserreiches dar. In ihrem Zentrum steht das Bürgertum. Das Bürgertum machte 7 % der Bevölkerung aus, aber es besaß die kulturelle und die wirtschaftliche Macht.

Adel/Militär:	Edwine von Bomst Frau von Ziegenhals (beide ehemalige Hofdamen) Vogelsang (Leutnant a. D.) (gesprächsweise erwähnt, S. 19:) Prinzess Anisettchen	
Bürgertum:	**Bildungsbürger**	**Besitzbürger (‚Bourgeois')**
	<u>Prof. Wilibald Schmidt</u> (Gymnasiallehrer)	Kommerzienrat Treibel (Fabrikant)
	← *Verehrung*	Ehefrau <u>Jenny Treibel</u> *Schwärmen für* BILDUNG
	Tochter <u>Corinna</u> *Lust auf* BESITZ *Versuch zu heiraten* →	Sohn Otto Treibel (Holzhändler),verh. mit Helene, geb. Munk (aus Hamburg), ihre Tochter Lizzi
		Sohn <u>Leopold Treibel</u>, am Ende Aussicht auf Heirat mit Hildegard Munk
	Kollegen Distelkamp, Etienne, Friedeberg u. a. (‚7 Waisen') Neffe Dr. <u>Marcell Wedderkopp</u> (Lehrer an einer höh. Mädchenschule) – am Ende verheiratet mit Corinna Adolar Krola (Opernsänger) Goldammer (Polizeiassessor) 2 Referendare (im Gesangsquartett) (gesprächsweise erwähnt, S. 51:) Heinrich Schliemann (der Griechenlandforscher, 1822–1890)	Ehepaar Felgentreu (Fabrikbesitzer), ihre Töchter Blanca, Elfriede Mr. Nelson (Industrieller in Liverpool) 2 Kaufleute (im Gesangsquartett) (gesprächsweise erwähnt, S. 73:) Thompson (Schiffseigner in Hamburg)

Kleinbürgertum:	Rosalie Schmolke (Haushälterin bei Schmidt, Witwe eines Polizisten) Frl. Honig (Gesellschafterin bei Treibels) Frl. Wulsten (Lizzis Kindermädchen) Mützell (Kellner im Treptow) (nur erwähnt, S. 3, 19, 122:) Jennys Herkunft (Ladenbesitzer Ehepaar Bürstenbinder) (gesprächsweise erwähnt, S. 109 ff.:) Schmolke (Polizist, verstorben)
Unterschicht/ Proletariat:	Johann Friedrich Anna (alle drei Dienstpersonal bei Treibels) Fritz (Pferdeknecht in Treptow) (gesprächsweise erwähnt, S. 110:) Prostituierte, „armes und unglückliches Geschöpf"

2.5 Sachliche und sprachliche Erläuterungen

Wir erörtern zunächst die Schlüsselbegriffe des Romans, anschließend erläutern wir einzelne Stellen.

2.5.1 „Bourgeois"

(„Musterstück von einer Bourgeoise", S. 10; „der Bourgeois" Treibel, S. 123; u. a.)
Das Wort ist seit Mitte des 19. Jahrhunderts ein Schimpfwort für das Besitzbürgertum. Was heißt Bürgertum? Im Mittelalter waren die Bürger (franz.: bourgeois) die vermögenden Stadtbewohner, die zwischen dem Adel und den Bauern standen. Mehr und mehr wurde das Bürgertum die Schicht, in der sich Besitz und Bildung verbanden. Mit der französischen Revolution 1789 erhoben sich die Bürger gegen den Adel und das Königtum, die politische Macht. Die Bürger wollten nicht ‚bourgeois' im alten Sinne, sondern Staatsbürger (franz. citoyens) sein. Sie waren für die Entfaltung der Persönlichkeit und die Selbstbestimmung des Individuums. Das 19. Jahrhundert ist die Epoche des Aufstiegs des Bürgertums und seiner Ideen. Nach der Theorie von Karl Marx sind im Kapitalismus die Bürger die Eigentümer der Produktionsmittel und damit die herrschende Klasse.

Gegensatz zwischen Besitzbürgertum und Bildungsbürgertum

Seit der Mitte des 19. Jahrhunderts und vor allem mit den Gründerjahren spaltete sich das Bürgertum. Es entstand der Gegensatz zwischen Besitzbürgertum (auch Wirtschaftsbürgertum genannt; Kaufleute, Industrielle, Finanzleute) und Bildungsbürgertum (akademische Berufe, höhere Beamten, Künstler).

Die Besitzbürger suchten die Lebensformen des Adels nachzuahmen und sich von den Arbeitern und der Zwischenschicht der Kleinbürger abzugrenzen. Manche sahen sich als Adlige (‚Industriebarone') mit Arbeitern als Untergebenen. Zugleich wollten sie geistig mit den Bildungsbürgern wetteifern. Bildung als Dekoration - dies war die Tendenz im reichen Besitzbürgertum, allerdings auch in anderen Bevölkerungskreisen.
Kritiker, die das Besitzbürgertum attackieren, benutzen gern das alte französische Wort Bourgeois. Die ‚Bourgeoisie' ist also das Besitzbürgertum, in seinen schlechten Eigenschaften gesehen.
Bei alledem wuchs die politische Macht der Besitzbürger. Auch wäre die wirtschaftliche Blüte Deutschlands ohne das Besitzbürgertum und seine Initiativen nicht möglich gewesen. Man denke nur an den Erfinder und Industriellen Werner (von) Siemens (1816–1882).

2.5.2 „Kommerzienrat"

(„Frau Kommerzienrätin ... Welche Ehre", S. 4; „Kommerzienrat Treibel", S. 11; u. a.)
Kommerzienrat ist ein Ehrentitel, der im Deutschen Reich Industriellen und Großkaufleuten verliehen wurde. Bei staatlichen Feiern wurden die Kommerzienräte den Offizieren und den Regierungsräten gleichgestellt. Der Titel war hoch angesehen und steigerte die Kreditfähigkeit und damit den Geschäftserfolg seines Trägers. Er wurde auf Vorschlag von Regierungsbeamten vergeben. Er zeigte also an, dass der Träger sich gut mit der Beamtenschaft verstand. ‚Kommerzienrätin' wurde gewöhnlich die Frau eines Kommerzienrates genannt; ihr selbst war natürlich nichts verliehen worden.

Über dem Kommerzienrat stand die Auszeichnung ‚Geheimer Kommerzienrat'. Treibel wünscht sich als Steigerung den Titel „Generalkonsul" (S. 18), den es im internationalen Verkehr gab und der mit Aufgaben in der politischen Verwaltung verbunden war.

2.5.3 „Konservative" und andere Parteien

(„Was wollen Sie mit Konservatismus?", S. 23; die „Freikonservativen", S. 87)
Im Reichstag gab es zwei Parteien, die sich konservativ nannten. Dies waren die ‚Freikonservativen', die die reichen Großgrundbesitzer vertraten, und die ‚Konservative Partei' (auch: die „Orthodox-Konservativen", S. 84), die auf Seiten des Adels und des alten Preußentums stand. Ferner waren im Reichstag die ‚Nationalliberalen' und die ‚Fortschrittspartei' – beide von Beamten, Akademikern und Geschäftsleuten gewählt –, die ‚Sozialdemokraten' – die Partei der Arbeiter – und das ‚Zentrum' – die katholische Partei. Demzufolge urteilt Frau von Ziegenhals politisch richtig, wenn sie Treibel empfiehlt, „Fortschrittler" und nicht konservativer Abgeordneter zu sein (S. 23).

Treibel als ein Konservativer eigener Art

Treibel versucht, mit Leutnant Vogelsangs Hilfe als ein Konservativer eigener Art, unabhängig von den üblichen Parteien, in den Reichstag zu gelangen. Die Orthodox-Konservativen und vor allem die Nationalliberalen werden seine politischen Gegner, ihre ‚Nationalzeitung' greift ihn an (S. 84–86). Später bemerkt er, dass die Nationalliberalen „halbe Hofpartei" sind, also auf der Seite der Regierung stehen (S. 87; dieser Ruck nach rechts der Nationalliberalen – genauer: eines Teils der Nationalliberalen – geschah in den 1880er Jah-

ren). Für Treibels Laufbahn wäre es also förderlicher gewesen, er hätte sich den Nationalliberalen angeschlossen!
Der Konservatismus eigener Art, den Vogelsang verkünden und den Treibel übernehmen will, ist die Idee der „Royaldemokratie" (S. 30). Sie ist nicht so naiv, wie Vogelsangs Worte denken lassen. Der Begriff, auf französisch ‚démocratie royale', findet sich in den Schriften des französischen Staatstheoretikers Graf Mirabeau (1749–1791).
Im Roman gibt es weitere Erwähnungen von Parteien; z. B. ist Polizeiassessor Goldammer „heimlicher Fortschrittler" (S. 34).

2.5.4 „Gymnasium"

(Professor Schmidt ist Lehrer am „Gymnasium zum Heiligen Geist", S. 152; andere aus seinem Kreis sind am „Großen-Kurfürsten-Gymnasium", S. 44; die Namen sind erfunden.)

Schulen, an denen die klassischen Sprachen Griechisch und Latein gelehrt wurden

Das Gymnasium bezeichnete im 19. Jahrhundert nur die Schulen, an denen die klassischen Sprachen (Alt-)Griechisch und Latein gelehrt wurden. Die Lehrer, die an den oberen Klassen des Gymnasiums unterrichteten, trugen oft den Titel Professor und konnten zum Universitätslehrer aufsteigen. Marcell, der „Gymnasial-Oberlehrer" geworden ist (S. 144), wird vielleicht, wie Schmidt hofft, „Privatdozent" oder „Extraordinarius" an der Universität werden (S. 149).
Neben dem Gymnasium gab es das ‚Realgymnasium', ohne Griechisch, und die ‚Oberrealschule', ohne Griechisch und Latein, dafür mit mehr Physik- und Chemie-Unterricht. Das an diesen beiden Schularten erworbene Abitur war nicht vollgültig; Abiturienten der Oberrealschule durften an techni-

schen Hochschulen, nicht aber an Universitäten studieren. Zu der Zeit, als Fontane seine Romane schrieb, gab es einen pädagogisch-politischen ‚Schulkampf'. Die Vertreter des Gymnasiums waren der Ansicht, dass man nur mit Kenntnis alter Sprachen ein echtes Abitur und überhaupt wahre Bildung erlangen könne. Erst im Jahre 1900 wurden die drei Schulen und ihre Abiturzeugnisse gleichgestellt.

Zur Zeit von *Frau Jenny Treibel* gab es in Berlin 15 Gymnasien, 8 Realgymnasien und 2 Oberrealschulen. Der Schulkampf spiegelt sich im Roman wider. Distelkamp erkennt nur das ‚Gymnasium' an; er sagt: „Mit den Traditionen der alten Schule steht und fällt die höhere Wissenschaft." (S. 51) Doch Schmidt widerspricht ihm: „Das Alte stürzt, es ändert sich die Zeit." (Ebd.) Später aber, gegenüber seiner Tochter, lobt Schmidt doch wieder die klassische gymnasiale Bildung: „Das Klassische, was sie jetzt verspotten, ist das, was die Seele frei macht" (S. 149). Theodor Fontane hatte kein Abitur, er hatte an einer Oberrealschule, der so genannten Berliner Gewerbeschule, das ‚Einjährige', d. h. die Mittlere Reife erworben.

Den Mädchen standen in Preußen bis 1908 die drei Schularten nicht offen

Den Mädchen standen in Preußen bis 1908 die drei Schularten nicht offen. (In Karlsruhe – nicht in Preußen – wurde 1893 das erste deutsche Mädchengymnasium gegründet.) Für sie gab es private ‚Höhere Mädchenschulen' ohne das Abitur. Marcell ist vor seinem Aufstieg „nur" (!) Lehrer an einer „höheren Mädchenschule" (S. 144). Hat Corinna eine solche Schule besucht? Jedenfalls hat sie im „Lette-Verein" gelernt (S. 27). Dieser Verein, von A. W. Lette 1865 gegründet, bot Mädchen verschiedene Kurse für ihre Berufsausbildung an, z. B. zur Fotografin. Der Lette-Verein war also fortschrittlich; Corinna nennt ihn nur „eine Schule für weibliche Handarbeit" (ebd.).

2.5.5 „Wo sich Herz zum Herzen find't"

Diese Gedichtzeile erscheint im Untertitel des Romans und kommt im Laufe des Geschehens zweimal zu Gehör; im 4. Kapitel auf Treibels Fest – Jenny singt mit dünner Stimme – und zum Schluss, gesungen von Krola, auf Corinnas Hochzeit. Sie ist ein Leitmotiv des Romans. Die Worte gehen zurück auf Schillers *Lied von der Glocke*, in dem es heißt: „Drum prüfe, wer sich ewig bindet, / ob sich das Herz zum Herzen findet."

Schillers *Lied von der Glocke*

„Wo sich Herz zum Herzen find't" ist Teil eines kitschigen Gedichtes, das Schmidt in jungen Jahren, als er Jenny heiraten wollte, für sie verfasst hat. Jenny schwärmt lebenslang hierfür, und Schmidt spottet: „Hat sie gesungen? Ich wette, das ewige Lied" (S. 57). Doch am Ende des Romans sieht Schmidt das Gedicht anders: „Es ist was damit, es ist was drin (...). Alle echte Lyrik hat was Geheimnisvolles." (S. 156) Er hat jetzt nicht das Kitsch-Gedicht selbst, sondern das Schiller'sche Vorbild im Sinn.[8] Schmidts Schwanken zwischen Kitsch und Schiller hat einen spielerischen Zug, wir kommen in 2.7.5 darauf zurück.

2.5.6 Erläuterung einzelner Stellen

1. Kapitel:

Landauer	vierrädrige Kutsche
Karbonade	Kotelett
Seifenwrasen	Wrasen: Dampf
Commis	kaufmännischer Gehilfe
ramassiert	gedrängt; höflich für: dick
Entree	franz.: Korridor

8 Siehe Neuhaus, S. 194

Heroldskammer	eine Behörde in Preußen
Kolonie	gemeint ist die ‚französische Kolonie': Teil der Berliner Bevölkerung, der von den im 17. Jahrhundert eingewanderten Franzosen abstammte; auch Fontane - der Name ist französisch - gehörte zur Kolonie
Lorgnon	Stielbrille
Hövell, Kranzler	Konditorwaren-Lieferanten in Berlin
Mr. Booth	Edwin Booth: amerikanischer Schauspieler, zeitweise in Berlin
Geschichte von dem Kamel und dem Nadelöhr	die Aussage der Bibel (Matth. 19, 24), dass ein Reicher kaum in den Himmel kommen könne
Courmachen	den Hof machen (franz. cour: Hof)

2. Kapitel:

Berliner Blau	ein chemisch hergestellter Farbstoff
siebziger Krieg, die Milliarden	nach dem Krieg 1870/71 musste Frankreich 5 Mrd. Francs Entschädigung an Deutschland bezahlen
Gründeranschauungen	der damalige Zeitgeist; ursprünglich das Streben nach Firmengründungen

Mezzanin	ital.: Zwischengeschoss
Beletage	franz.: Hauptgeschoss
Hustersche Wagen	die Firma Huster war Speisenlieferant (heute etwa: Partyservice)
Embonpoint	franz.: Körperfülle, dicker Bauch
‚Berliner Tageblatt'	Zeitung mit liberaler Ausrichtung
‚Deutsches Tageblatt'	konservative Zeitung
agent provocateur	franz.: Agent, der (für Geld) Unruhe stiftet
Singer	Paul Singer: Fabrikant und Abgeordneter der Sozialdemokraten
Buggenhagen	Gaststätte und Parteiversammlungslokal in Berlin
Sprechanismus	berlinerisch für: Redetalent
gutta cavat lapidem	lat.: der Tropfen höhlt den Stein
Poveretto	ital.: armer Schlucker
Dalldorf	Irrenanstalt bei Berlin
Coupé	zweisitzige Kutsche
Observanz	Einhalten von Regeln; scherzhaft für: Herkommen, Art
Fernambuk- und Campecheholz	wertvolle Hölzer aus Südamerika bzw. Mexiko
Jovialität	große gönnerhafte Freundlichkeit
Droschke	gemietete Kutsche, Vorläufer des Taxis
Schilderhäuser	scherzhaft für: Abzeichen
Grandezza	vornehmes Auftreten
Henriquatre	franz.: feiner Kinnbart; nach König Heinrich IV.
Chaise	einfache Kutsche

wie der Hirsch nach Wasser schreit	nach Psalm 42
Victory	das Schiff des militärischen Seehelden Admiral Nelson; er wurde in Westminster begraben

3. Kapitel:

Professor Franz	Julius Franz, Berliner Bildhauer (1824–1887)
Reinhold Begas	Bildhauer (1831–1911)
Mephisto	eigentlich Mephistopheles: Teufel in Goethes Drama *Faust*
Burgemeister Tschech	das beschriebene Attentat war 1844
Herwegh	Georg Herwegh (1817–1875): Dichter, schrieb politische Lyrik
Chimäre	falsche Idee, falsches Leitbild (‚Gold ist nur Chimäre': aus der Oper *Robert der Teufel* von Giacomo Meyerbeer)
Büchmann	die Zitatensammlung *Geflügelte Worte*, begründet von Georg Büchmann, seit 1864 und noch heute im Buchhandel erhältlich
cher Treibel	franz.: lieber Treibel
Vorachtundvierziger	Anspielung auf die Zeit vor der Revolution 1848
Don Quixote	Titelfigur des gleichnamigen Romans (1615) von Miguel de Cervantes
Meriten	Verdienste

Ludwig Loewe	Berliner Industrieller und Abgeordneter
Bürgerkrone	Amt des Bürgermeisters
Chablis	ein Weißwein
Regula-de-tri	lat.: Dreisatz-, Proportionenrechnung
fragmentarisch	bruchstückhaft, unvollendet
l'appétit vient en mangeant	franz.: der Appetit kommt beim Essen
Petroleur und Dynamitarde	einer, der mit heißem Öl und Dynamit Zerstörungen anrichtet
Koketterie	franz.: Bestreben, jemandem vom anderen Geschlecht zu gefallen
Battle at the Nile	Nelsons Schlacht 1798 bei Abukir an der Nilmündung
Walter Scott	schottischer Schriftsteller (1771–1832)
Vater Jahn	Friedrich Ludwig Jahn begründete 1811 die deutsche Turnbewegung
Panaché	gemischtes Eis
feudale Pyramide	die Gesellschaftsschichten im Feudalismus mit dem König an der Spitze
Pic	franz.: spitzer Berg
Vielliebchen	gesellschaftliches Spiel, bei dem zwei sich eine Frucht teilen

4. Kapitel:

Medisance	franz.: Lästerrede, Klatsch
Molkenmarktluft	am Molkenmarkt lag das Berliner Gefängnis
Allasch	ein Kümmellikör

Eh bien	franz.: Nun, nun also
ätherisch	luftig, himmlisch
Lady Milford	Fürstengeliebte in Schillers Drama *Kabale und Liebe*
Quitzowtum	die Quitzows: altes Raubritter- und Adelsgeschlecht
Friedrichstraße	anrüchige Straße des Berliner Nachtlebens
Schirokko, Samum	heiße Winde in Südeuropa bzw. Nordafrika
Soubrette	Opernsängerin heiterer Partien
Protegé	franz.: Schützling
Hydra	neunköpfige Schlange in der griechischen Mythologie
'Écrasez l'infâme'	franz.: Zertretet des Schändliche
Meine Ruh ist hin	Zitat aus Goethes *Faust* (Lied Gretchens)
ex ungue leonem	lat.: an der Klaue (erkennt man) den Löwen
Loewe	Carl Loewe (1796–1869): Komponist
no finch, no trussel	engl.: kein Fink, keine Drossel (statt trussel korrekt: thrush)
die Millonollos	zwei italienische Geigenkünstlerinnen, als Wunderkinder gefeiert
peremptorisch	vernichtend, endgültig

5. Kapitel:

Parochialkirchturm	Parochialkirche: wörtl: Pfarrkirche; Name einer Kirche nahe der Spree; ihr Turm ('Singuhrturm') war berühmt

die berühmte Stelle von dem Kanadier	Anspielung auf ein Gedicht von Johann Gottfried Seume: *Der Wilde* (1801)
Corinne au Capitole	franz.: Corinna auf dem Kapitol. In dem Roman *Corinna oder Italien* (1807) von Madame de Staël gibt es die Stelle, in der die Dichterin Corinna auf dem Kapitol von der Menge gefeiert wird.
Bonwitt und Littauer	großes Berliner Modehaus
Gilka	Kümmellikör
Madai	Guido von M.: Polizeipräsident von Berlin 1872–1885
Wruken	Kohlrüben

6. Kapitel:

‚Die sieben Waisen Griechenlands'	im 7. Jahrhundert v. Chr. gab es die Gelehrtengruppe ‚Die sieben Weisen Griechenlands'
in der ‚Griechischen'	offenbar bei der ‚Griechischen Gesellschaft', einem anderen Abendtreff
Schwupper	Verwechslung, Versehen
Lustre	franz.: Glanz, Ansehen
Barfus	brandenburgischer General im 17. Jahrhundert
Rencontres	franz.: feindliche Begegnungen, Kämpfe

Maupassant	Guy de M.: französischer Schriftsteller (1850–1893)
Malice	franz.: Bosheit
nomen est omen	lat.: der Name ist eine Vorbedeutung
Schlieker	Schleicher
Bild zu Sais	*Das verschleierte Bild zu Sais* ist ein Gedicht Schillers über die dem Menschen verborgene Wahrheit
kategorischer Imperativ	Forderung des Philosophen Kant nach sittlichem Handeln
Konditorei	Berliner Lese-Café; in solchen Cafés lagen literarische Zeitungen aus
Schulprogramme	von Gymnasien veröffentlichte Jahrbücher mit Aufsätzen
Aktusse	Festschriften zu Schulfeiern
das Hortikulturliche	Hortikultur: Gartenbaukunst
bona fide	lat.: in gutem Glauben
Mr. Punch	Figur in der englischen satirischen Zeitschrift ‚Punch'
‚Kladderadatsch'	Berliner satirische Zeitschrift
Attinghausen	Figur in Schillers Drama *Wilhelm Tell* (1804)
Heinrich Schliemann	Archäologe und der Entdecker (1870) von Troja, war zuerst Kaufmann; von ärmlicher Herkunft
hic Rhodus, hic salta	lat.: hier ist Rhodos, hier springe; Zuruf an einen Prahler, nicht woanders – in Rhodos –, sondern hier sein Können zu zeigen
Georgia Augusta	die Universität Göttingen

Renonce	franz.: Widerwille
Semitismus	gemeint ist: Judentum
Max Piccolomini	Figur in Schillers Drama *Wallenstein*
Virchow	Rudolf V. (1821–1902): berühmter Arzt, Politiker
lupus in fabula	lat.: der Wolf in der Geschichte; da ist der, von dem wir sprechen
Trompetertisch	Nebentisch

7. Kapitel:

dentatus et undulatus	lat.: gezahnt und gewellt
Kongestion	Blutandrang, rot angelaufener Kopf
Borstorfer	Apfelsorte
Schock	das Schock: 60 Stück
les défauts de ses vertus	franz.: die Nachteile ihrer Tugenden
George Sand	französische Schriftstellerin (1804–1876)
‚comprendre c'est pardonner'	franz.: Verstehen heißt Verzeihen
Alfred de Musset	französischer Schriftsteller (1810–1857), Freund George Sands
mechant	franz.: gemein, böse
Schmidtiana	etwa: Schmidt'sche Eigentümlichkeiten, Gedanken; -iana ist eine lat. Endung
Torgau	an der Elbe; Ort einer Schlacht
genrehaft	alltäglich, gewöhnlich
Banquo	Figur in Shakespeares Drama *Macbeth*, erscheint als Geist

philanthropisch	menschenfreundlich
petit crevé	franz.: wörtl. kleiner Zerplatzter; einer, der jede Mode mitmacht
Semilasso	Figur bei dem Reiseschriftsteller Hermann Pückler-Muskau (1785–1871)
bon sens	franz.: gesunder Menschenverstand
Proverbe	franz.: Sprichwort; hier: kurzes Lustspiel
jeu d'esprit	franz.: geistreiches Spiel
Aplomb	franz.: Festigkeit
‚Taucher', ‚Gang nach dem Eisenhammer'	Gedichte von Schiller
das Ponderable	das Messbare, das von Gewicht

8. Kapitel:

Gladstone	William E. Gladstone: englischer Premierminister, 1886 gestürzt
Insolenz	Frechheit
Syndikatsfamilie	Familie, aus der politisch führende Personen hervorgegangen sind
Ridikül	franz.: das Lächerliche
equestrisch	reiterlich
Pferdebahn(wagen)	Vorläufer der Straßenbahn, seit 1878 in Berlin
mich schuddert	mich fröstelt
Josty	Café in Berlin
Pluck	engl.: Raff zusammen; gemeint ist: Raff deinen Mut zusammen
Reprimande	franz.: Tadel

9. Kapitel:

Montecuculis Wort	nach dem italienischen Feldmarschall und Schriftsteller Raimondo Montecuccoli ist Geld das Wichtigste in der Kriegsführung
vacat	lat.: fehlt
zis-, transspreeanisch	lat.: diesseits, jenseits der Spree
Ich kenne meine Pappenheimer	(nach Schillers Drama *Wallenstein*:) Ich kenne diese Leute und ihre besondere Art
‚Ik bin all hier'	Ich bin schon da (im Märchen *Der Hase und der Igel*)
Zirkelquadratur	das mathematische – unlösbare – Problem, einen Kreis zeichnerisch in ein inhaltsgleiches Quadrat zu verwandeln
Malvoglio	Malvolio: komischer Hofmeister in Shakespeares *Was ihr wollt*
tic douloureux	schmerzhafter Krampf im Gesicht

10. Kapitel:

Kremser	Pferdewagen für größere Personenzahl; Omnibus-Vorläufer
Dampfbahn	dampfbetriebene Straßenbahn
Stadtbahn	Eisenbahn für den Berliner Nahverkehr, heute S-Bahn genannt
die Unaussprechlichen	die Hose(n)
à tout prix	franz.: um jeden Preis, unter allen Umständen

Tesching	kleine Handfeuerwaffe
Manquement	franz.: Mangel, Lücke
‚Nach Frankreich zogen zwei Grenadier'	Heinrich Heines Gedicht *Die Grenadiere*
Düppel	Schlacht gegen Dänemark 1864, ein verlustreicher Sieg Preußens
fait accompli	franz.: vollendete Tatsache
Wenn nach dir ich oft vergebens	aus Nikolaus Lenaus Gedicht *Das Mondlicht*

11. Kapitel:

en vue	franz.: im Blick
Drücker	abnehmbare Türklinke
Nücken	Launen
die Kälber	im Scherz für: die Töchter der Familie Kuh
Vernehmung	hier: Vernehmung der Prostituierten
‚Dies alles schenke ich dir.'	verführerische Worte, die der Teufel an Jesus richtet (Matth. 4, 9)
‚Sitte'	Sittenpolizei
Karessieren	Streicheln
mich so verfiere	mich so erschrecke
die Erhartten	Luise Erhartt, erfolgreiche Schauspielerin in Berlin

12. Kapitel:

Billet	franz.: kurzer Brief
Flakon	franz.: Fläschchen
„mores"	lat.: die Sitten, sittliches Betragen
Alteration	franz.: Ärger
als Spreewälderin	gemeint ist: als uneheliche Mutter (in Berlin lebten arme Mädchen aus dem Spreewald, die Mutter geworden waren)
Philippika	zornige Rede

13. Kapitel:

Jubiläumsausstellung	Ausstellung 1886 in der Nachfolge der Berliner Kunstausstellung von 1786
Eierhäuschen	Ausflugslokal an der Spree
en famille	franz.: innerhalb der Familie, unter sich
Rohrpostbriefe	Rohrpost: Schnellbeförderung von Briefen in Röhren unter Druck, von Werner Siemens in Berlin entwickelt und dort ab 1876 öffentlich in Betrieb (bis 1976)
generis femini	lat.: weiblichen Geschlechtes
sich dieses Eigensinns begeben	diesen Eigensinn ablegen

14. Kapitel:

las Goethe	zu denken ist an *Die Leiden des jungen Werther*, wo die Hauptfigur sich aus unglücklicher Liebe erschießt
Präliminarantwort	vorläufige Antwort
Pythisches	nach Art der Pythia, einer weissagenden Frau in Delphi
Anschluss und Radialsystem	beides sind Begriffe aus dem Rohrpostwesen und aus der Abwasser-Kanalisation
Affront	Beleidigung
Hacheln	harte Haut-Teilchen des Kerngehäuses (des Kriepschs)
Thomas, Souchon	Pastoren in Berlin in den 1880er Jahren

15. Kapitel:

Codex argenteus	lat.: Silbernes Buch; eine westgotische Bibelübersetzung (die kichernden Mädchen denken an ‚Podex')
Kenneth	altschottischer Königsname
obligat	pflichtgemäß

16. Kapitel:

‚Werde, der du bist'	Ausspruch des griechischen Lyrikers Pindar, um 500 v. Chr.

Lustspiel	gemeint ist *Ein Schritt vom Wege* (1872) von Ernst Wichert
Summus Episcopus	lat.: höchster Bischof; es geht darum, ob der Kaiser weiterhin das Haupt der Evangelischen Kirche sein solle
Kögel, Stoecker	bekannte evangelische Theologen und Politiker
Zeit, um dreimal von der Kanzel zu fallen	nur noch drei Sonntage, an denen der Pastor beim Gottesdienst die Hochzeit ankündigen kann
im „Englischen Hause"	vornehme Gaststätte in Berlin
Echec	franz.: Niederlage
in pontificalibus	lat.: in der Amtstracht des Priesters; hier: in feierlicher Kleidung
Goethescher Sänger	in Goethes Ballade *Ein Sänger*
mit einem gewissen Avec	scherzhaft für: mit einem gewissen Etwas (avec: franz.: mit)
Grab der Julia	Anspielung auf Shakespeares *Romeo und Julia*, das Drama spielt in Verona
carpe diem	lat.: pflücke (d. h. nutze) den Tag
unser Olympier	Goethe; seine Sterbensworte sollen gewesen sein: „Mehr Licht!"
pecus	lat.: Rindvieh

2.6 Stil und Sprache

Fontane gilt bekanntlich als Realist. Was heißt dies? Grundsätzlich gilt: Ein Realist beschreibt die Realität, die Wirklichkeit, also die Welt, wie sie ist. So hat Fontane gefordert: Der Roman „soll ein Zeitbild sein, ein Bild **seiner** Zeit"[9]. Dabei muss das Erzählte nicht tatsächlich geschehen sein. Es genügt, wenn es hätte geschehen **können**. Die Familie Treibel hat es nie gegeben, aber die Geschehnisse in *Frau Jenny Treibel* hätten im Berlin der 1880er Jahre stattfinden können. Die Personen sind nicht Helden, nicht Ausnahmefiguren, sondern gewöhnliche Menschen, wie man sie täglich trifft.
Drei Punkte sind für Fontanes Realismus bedeutsam:

2.6.1 ‚Poetischer' Realismus

Fontane hat einmal gesagt, man solle beim Lesen „das Gefühl haben, unser wirkliches Leben fortzusetzen, und dass zwischen dem erlebten und erdichteten Leben kein Unterschied ist". Dafür muss, hat er betont, das Erzählen eine „Intensität", „Klarheit" und „Abrundung" bieten, die es im wirklichen Leben nicht gibt.[10] In *Frau Jenny Treibel* sorgen viele Elemente für diese Intensität und Abrundung: der deutliche Kommentar des Erzählers (z. B.: „Der Bourgeois steckte ihm [Treibel] wie seiner sentimentalen Frau tief im Geblüt.", S. 123), die Gleichzeitigkeit mancher Ereignisse (etwa Treibels Fest und Schmidts Abend) und vor allem die in sich geschlossene Handlung.

Intensität und Abrundung

Fontane bestand darauf, die krasse Hässlichkeit und das schlimme Elend aus dem Roman herauszuhalten. So erwähnt

9 Fontane, *Werke, Schriften und Briefe*, III/1, S. 319
10 Ebd., S. 569

er den „Nordwind (...), der den Qualm herantrieb" (S. 11), beschreibt aber nicht den sich hieraus ergebenden Gestank. Er erwähnt auch den Knecht Fritz „mit nur einem Arm" (S. 77), berichtet aber nicht vom schlimmen Los dieses Behinderten. Ein sich abschuftender Arbeiter – auch er ist kein Thema bei Fontane. „Tausend Mark" kostet Treibel sein nebenher laufender Wahlkampf (S. 87): Ebenso viel betrug der Jahreslohn eines einfachen Arbeiters. Dies erfahren wir nicht von Fontane, doch indem er die Summe nennt, ist über Treibels hohe Position alles gesagt. (Die literarische Richtung des Naturalismus, die noch zu Lebzeiten Fontanes sich entwickelte, beschrieb ausführlich das Elend und das Hässliche.)
Fontane sorgt also bei seiner Darstellung der Wirklichkeit für Intensität und Abrundung und verzichtet auf die drastische Hässlichkeit. Er selbst benutzt dafür den Ausdruck „Verklärung"[11]. Dieser Fontane'sche Realismus wird auch ‚poetischer Realismus' genannt.

2.6.2 Das Kleine und Belanglose im Realismus

Wichtig ist dieser Gedanke der Realisten: Alles in unserer Welt ist literaturwürdig, auch das Kleine und Belanglose kann zu erzählter Literatur werden. Da wir im Leben immer wieder den banalen Alltag vorfinden, muss das Banale in den realistischen Roman einfließen. Die Realität setzt sich aus Einzelheiten zusammen, die zunächst ohne Bedeutung sind. Der französische Realist Gustave Flaubert hat geäußert, er wolle „ein Buch über nichts" schreiben. Fontane hat es so ausgedrückt: Der Realismus umfasst alles, „den Kolumbus, der der Welt eine neue zum Geschenk machte, und das Wassertierchen, dessen Weltall der Tropfen ist"[12].

11 Ebd., S. 237
12 Ebd., S. 242

In *Frau Jenny Treibel* sagt Professor Schmidt, das Nebensächliche sei manchmal „die Hauptsache" (S. 56). Solche interessanten Nebensächlichkeiten sind die Stellen, wo Frau Schmolke „Kochbirnen der Länge nach" durchschneidet und darüber diskutiert (S. 139) oder Fräulein Wulsten auf ihrem Brief einen Fleck hinterlässt (S. 153). Natürlich kann ein Roman nicht alle Nebensächlichkeiten berichten. Die Kunst des Schriftstellers liegt in der Auswahl.

Die Kunst des Schriftstellers liegt in der Auswahl

Auch die Rede der Personen mit ihren mundartlichen Fehlern gehören zu dieser Darstellung des Nebensächlichen: „Du kannst doch nich die ganze Welt auf den Kopp stellen", sagt Frau Schmolke zu Corinna (S. 141). Sogar unanständig klingende Sätze legt Fontane seinen Personen in den Mund. „Dieser furchtbare Vogelsang hat wie ein Alb auf mir gelegen", stöhnt Jenny im Gespräch mit ihrem Mann (S. 66).
Manchmal benutzt der Erzähler selbst einen lässigen Sprechstil; er sagt zum Beispiel: „Die ganze Treibelei" (S. 135). Daneben gibt es Stellen mit einer gepflegten und poetischen Sprache, etwa die vom „Abendwind, der sich aufmachte" (S. 106). Indem Fontane Nachlässigkeiten wagt, bekommt seine Sprache eine große Variationsbreite.
Hier beginnt

2.6.3 Fontanes Modernität

Kann ein Schriftsteller, der Freude an den Belanglosigkeiten hat, sich noch den literarischen Regeln anpassen? Über einen geplanten Roman (*Die Likedeeler*) schrieb Fontane brieflich (1895), er habe ihn als „phantastische und groteske Tragödie"[13] gedacht. Im Abschnitt 2.7.3 werden wir sehen, dass schon *Frau Jenny Treibel* die Züge eines Theaterstücks hat.

13 Fontane, *Werke, Schriften und Briefe*, IV/4, S. 433

Fontane konnte sich sogar über den Begriff Realismus lustig machen; er hat in einem Brief über den „streitsuchende[n] Krimskrams von Klassizität und Romantik, von Idealismus und Realismus"[14] gespottet. In *Frau Jenny Treibel* verlässt Fontane gelegentlich den Realismus. Er spricht von Sperlingen „in großstädtischer Dreistigkeit" (S. 139) und sagt: „Ein Sperling hatte zugehört" (S. 140). Das klingt eher witzig, der Realist Fontane wird selbstironisch. Professor Schmidt sagt einmal, es gebe „den denkbar höchsten Standpunkt, den der Selbstironie" (S. 45).

Fontane setzt also Elemente unterschiedlichster Art, realistische und außerrealistische, neu zusammen, er ‚probiert aus', er experimentiert. Solch experimentelles Vorgehen werden die Schriftsteller des 20. Jahrhunderts in großem Stile pflegen; siehe etwa Arthur Schnitzlers *Traumnovelle* (1926) und Arno Schmidts *Kaff auch Mare Crisium* (1960).

experimentelles Vorgehen

Die Kunst des Gesprächs – zwischen Realismus und Moderne:
Fontane liebt es, seine Figuren reden und plaudern zu lassen. Diese Gesprächskultur entspricht dem Geist der Zeit, auch darin ist Fontane Realist. Hinzu kommt, dass Fontane dabei viele Zitate aussprechen lässt. 86 direkte und indirekte Zitate wurden im Roman gezählt![15] Es sind Zitate von Schiller, aus der Bibel und aus vielen anderen Quellen. Es sprechen sozusagen Stimmen in den Roman hinein, er wirkt zuweilen wie zusammenmontiert. Der Roman nennt sogar den „Büchmann", das Nachschlagebuch für passende Zitate (S. 23). Das sind Anfänge einer Montage-Technik. Auch damit ist Fontane modern.

14 Ebd., S. 338
15 Plett, S. 318

2.7 Interpretationsansätze

Wie kann man *Frau Jenny Treibel* kennzeichnen? Der Roman stellt die Gesellschaft seiner Zeit vor (1.), er erzählt eine spannende Handlung (2.), er lässt menschliche Charaktere aufeinander treffen (3.), und er entfaltet eine scharfe Satire (4.). Diese vier Aspekte werden nach und nach bei der Lektüre sichtbar; sie vereinigen sich zu einem Ganzen.

	Der Roman als:
Der Autor attackiert die Bourgeoisie	4. Satire (2.7.4)
Der Autor zeigt und kritisiert Charaktereigenschaften	3. Charakterkomödie (2.7.3)
Der Autor stellt Konflikte dar	2. Spannender Geschehnis-Roman (2.7.2)
Der Autor beobachtet genau	1. Gesamtschau der Gesellschaft (2.7.1)

Unter jedem der vier Aspekte lassen sich besondere Feinheiten entdecken. Welcher der wichtigste der vier Aspekte ist, wird jeder Leser für sich entscheiden. Wir stellen die vier Aspekte vor, und am Ende gehen wir auf die Schlussszene und ihre Brisanz ein.

2.7.1 *Frau Jenny Treibel* – eine Gesamtschau der Gesellschaft

Wie schon unsere Übersicht 2.4.2 zeigt, stellt Fontane mit seinen zahlreichen Figuren die Gesellschaft des Kaiserreiches vor. Vom Adel bis zum Proletariat sind alle sozialen Schichten vertreten. Die Hauptrollen des Romans hat das Bürgertum inne. Dabei macht Fontane die Zweiteilung in das Besitzbürgertum (an der Spitze Jenny Treibel) und das Bildungsbürgertum (an der Spitze Professor Schmidt) sichtbar.

Zweiteilung in das Besitzbürgertum und das Bildungsbürgertum

Der Roman beschreibt den Gegensatz zwischen diesen beiden Gruppen des Bürgertums. Im Romanauftakt trifft Jenny im vornehmen „Landauer" ein und betritt „mit Geschmack und Sorglichkeit gekleidet" Schmidts Treppenhaus, wo jedoch die Stufen „abgelaufen" sind und es nach „Rührkartoffeln" riecht (S. 3). Der Ausgang des Romans betont sogar diesen Gegensatz: Die Bildungsbürgerin Corinna heiratet den Bildungsbürger Marcell, während – im gegnerischen Lager – der reiche Leopold Treibel die reiche Hildegard bekommen wird.
Der Roman beschreibt aber auch den Zusammenhalt dieses zweigeteilten Bürgertums. Der Leser bemerkt: „Jeder Kreis missbilligt und kritisiert Merkmale des anderen, aber er adaptiert und assimiliert sie auch."[16] Dieser Zusammenhalt von Bildungs- und Besitzbürgertum zeigt sich in Jenny Treibels Schwärmen für Bildung und in Corinna Schmidts Lust auf Besitz. Weitere Beispiele dieses Verbundenseins:

- Schmidt, der Bildungsbürger, schätzt den Umgang mit Treibels und nennt Jenny „beinah gebildet" (S. 10).
- Schmidts Kollegen sind für Besitz und sehen Friedeberg, der von „ziemlich beschränkter Finanzlage" ist (S. 46), „für nicht ganz voll an" (S. 45).
- Treibel, der Besitzbürger, verehrt Schmidt und ahmt seinen Konversationsstil nach („Schmidt würde sich freuen, wenn er mich so zitieren hörte", S. 13).
- Treibel schätzt die Beamtenschaft, die zum Bildungsbürgertum gehört. Er plaudert gern mit Polizeiassessor Goldammer (S. 33) und freut sich auf die „zwei Referendare von der Potsdamer Regierung" in Halensee (S. 90).

Ein bezeichnender Glanz geht von dem Opernsänger Krola aus, der ein Bildungsbürger ist und zugleich, „mit einer

16 Plett, S. 68

Millionärstochter verheiratet" (S. 18), ein Besitzbürger geworden ist. Krola ist der Name, der als letzter im Roman genannt wird: „Komm, Krola." (S. 156)

Bildungs- und Besitzbürgertum sind also getrennt und doch verflochten

Bildungs- und Besitzbürgertum sind also getrennt und doch verflochten. Anders wäre auch die Romanhandlung mit ihren Verwicklungen um Corinna nicht denkbar. Diese Verflechtung entspricht der damaligen Wirklichkeit. Ein großer Historiker stellt fest: „Bürger, das war kein Stand mehr und auch nicht primär eine Klasse, sondern eine Kultur von Werten und Normen, eine Lebensform aus Erziehung, Stil und Symbolen."[17] *Frau Jenny Treibel* stellt diese bürgerliche Kultur dar.

2.7.2 *Frau Jenny Treibel* – ein spannender Geschehnis-Roman

Der Roman enthält nicht nur bemerkenswerte Figuren, versetzt uns nicht nur in einen besonderen Raum, in das Berlin des 19. Jahrhunderts, sondern präsentiert auch ein spannendes Geschehen. Im Mittelpunkt der Handlung steht Corinna, die Professorentochter, die in den Zwängen ihrer Zeit ihren Lebensweg sucht, Irrtümer begeht und am Ende ihre Hochzeit feiert. Die beiden Höhepunkte sind Corinnas Verlobung mit Leopold (10. Kap.) und ihr Streitgespräch mit Jenny (Kap. 13, 2. Hälfte).

Für die Spannung in diesem Roman sorgen drei erzählerische Mittel: die Parallelhandlungen, die Gleichzeitigkeit einiger Episoden und die wechselnden Erzählperspektiven.

17 Nipperdey, S. 393

Parallelhandlungen:

Manche Momente erscheinen wie verdoppelt, manche Motive wiederholen sich. So wie Corinnas Verlobung zerbricht, so hat schon früher Jenny nicht ihren Verehrer Schmidt, sondern einen anderen, Treibel, geheiratet. Corinna bekommt Briefe von Leopold („jeden Abend einen kleinen Brief", S. 138), so wie Schmidt seine Jenny auf schriftlichem Wege verehrt hat („ein paar Gedichte waren an mich gerichtet", sagt Jenny, S. 5). Im Falle Corinna wie im Falle Leopold setzen sich die Eltern durch: Corinnas Vater möchte, dass sie Marcell heiratet, Jenny will schließlich, dass Leopold Hildegard nimmt.
Corinna scheitert beim Eindringen in die besitzbürgerliche Welt, und Treibel scheitert beim Eindringen in die Politik: Corinna bricht mit Leopold, Treibel bricht mit Vogelsang (S. 87). Ähnlich wie man bei Schmidts über neue, ungewohnte Bildungswege nachdenkt (S. 51), so blickt man bei Treibels auf die fremdartigen Eigenschaften der Hamburger Bürger (S. 69).

Gesprächskultur

In der Gesprächskultur gibt es gleichfalls Parallelen: Jenny steht zwischen zwei Männern, Treibel und Schmidt, denen sie sich, wie ihre Gespräche zeigen, überlegen fühlt, und ebenso zeigt Corinna in den Unterhaltungen mit zwei Männern, mit Schmidt und mit Marcell, ihre geistige Kompetenz. Auch die weibliche Verwandtschaft aus Hamburg, vor allem Helene, zeigt ihre überlegene Position gegenüber den beiden Treibel-Söhnen.
Durch solche Parallelen, Ähnlichkeiten und Symmetrien wird die Aufmerksamkeit des Lesers gefesselt. Der Leser spürt unbewusst die Ähnlichkeiten und lässt sich umso lieber durch das Geschehen führen. Freilich sind es nur Parallelen, nicht Übereinstimmungen. Sonst wäre der Roman langweilig.

Gleichzeitigkeiten:

Im Abschnitt 2.3.2 (s. S. 34 f. dieser Erläuterung) haben wir festgestellt, dass manche Episoden gleichzeitig spielen; so Kapitel 2–4 und Kapitel 6 (Fest bei Treibels und Abend bei Schmidt), Kapitel 11 und Kapitel 12 (Gespräche bei Schmidt und bei Treibels nach der Verlobung) sowie Teile des 14. Kapitels. Alle drei Episoden im 8. Kapitel finden zu derselben Stunde statt.
Die Gleichzeitigkeit wird sogar ausgesprochen: Das 6. Kapitel beginnt so: „Um dieselbe Stunde, wo man sich bei Treibels vom Diner erhob, begann Professor Schmidts ‚Abend'." (S. 44) Der Erzähler springt also in einen neuen Erzählabschnitt und lässt doch die Zeit stehen bleiben – die Neugier des Lesers wird geweckt. Parallelhandlungen lassen sich auf diese Weise gut entwickeln.

Wechselnde Erzählperspektiven:

auktorialer, neutraler, personaler Erzähler

Der Erzähler kann grundsätzlich drei Perspektiven einnehmen. Er kann allwissend, sozusagen gottgleich, über dem Geschehen stehen; dies ist der ‚auktoriale Erzähler'. Er kann sich wie ein zufällig Anwesender verhalten, der uns bezeugt, was er gerade hört und sieht; dies ist der ‚neutrale Erzähler'. Und er kann sich in eine Romanfigur so hineindenken, dass er ganz aus dem Geist dieser Person heraus spricht; dies ist der ‚personale Erzähler'.
Fontane ist ein Meister im Jonglieren mit diesen drei Erzählperspektiven. Nehmen wir den Beginn des 12. Kapitels! „Ziemlich um dieselbe Zeit", lauten die ersten Worte, und so kann nur der auktoriale Erzähler reden, der eben alles weiß. Im zweiten Satz heißt es über Treibel: „Von dort aus", vom Holzhof, „nach einem herzhaften Schmatz (denn er spielte gern

den zärtlichen Schwiegervater) ließ er sich zu Buggenhagens fahren (...)." Hier haben wir den neutralen Erzähler, der den „herzhaften Schmatz" wahrnimmt, aber auch den auktorialen Erzähler, der weiß, dass bei Buggenhagens „Parteiversammlung" ist. Im dritten Satz lesen wir: „Er wollte doch mal wieder sehen, wie's stünde (...)." Hier spricht der personale Erzähler, denn „wie's stünde" ist eine Frage, die sich Treibel innerlich stellt.
Wir sehen: In einem einzigen Absatz treten die drei Erzählperspektiven auf und ergeben ein spannendes Erzählen.

2.7.3 *Frau Jenny Treibel* – eine Charakterkomödie

Der Roman hat theaterhafte und speziell komödienhafte Züge; es fallen die Wörter „Komödie" (S. 42 mehrfach), „dramatische Szene" (S. 62), „Tragikomödie" (S. 145) und „Lustspiel" (S. 149). Auffällig ist der oft rasche Ablauf der Handlung. So in den Kapiteln 9 bis 12: Ein Vormittag bei den Treibels wird geschildert, an dem auch die Einladung für den Halensee-Ausflug eintrifft (9. Kap.); dieser findet schon am selben Nachmittag statt und führt zu der Verlobung (10. Kap.); und noch an diesem Abend laufen die Diskussionen im Hause Schmidt (11. Kap.) und das Gespräch Jenny – Leopold ab (12. Kap.). Solch ein Zusammendrängen des Geschehens auf einen Tag ist eine Tradition des Theaters. Der Zuschauer soll die Illusion haben, das Geschehen finde ungefähr zeitgleich mit dem Theaterbesuch statt. (Der theoretische Hintergrund für dieses Schaffen von Illusion ist die Regel Aristoteles' von der ‚Einheit der Zeit', die für ein Bühnenspiel gelten soll.) Ähnlich theaterhaft ist die sofortige Anreise von Hildegard.

Zusammendrängen des Geschehens auf einen Tag

Am Sonnabend geht der Brief an sie ab, am Sonntag antwortet sie telegraphisch (S. 134), und am Montag ist sie da!
Der Roman besteht zu 70 Prozent aus der Wiedergabe von Gesprächen – schon von daher wirkt er theaterhaft. Zugleich gibt es sprachlose Momente, die dramatische Mini-Szenen sind. Die Unterhaltung von Jenny und Schmidt in Halensee endet mit der Beobachtung: „Und dabei legte sie die Hand aufs Herz." (S. 101) Nachdem Corinna einen Brief Leopolds zu Ende gelesen hat – „Ewig der Deine. Leopold" –, folgt die Aktion: „Corinna zerriss den Brief in kleine Streifen" (S. 138). Beeindruckend ist auch dieser Moment: Jenny schob „die Bogen zusammen, klopfte sie auf der Tischplatte wie ein Spiel Karten zurecht" und liest dann, als wäre sie vor uns auf der Bühne, ihren Brief vor (S. 124). *Frau Jenny Treibel* ist eine „erzählerische Komödienform"[18]. (In 1.3 haben wir den Einfluss der Schönthan'schen Komödie *Roderich Heller* erwähnt.) Doch noch in einem tieferen Sinn hat *Frau Jenny Treibel* komödiantische Züge. Die Personen haben ihren bestimmten Charakter, der sich nicht ändert und der für die Reibungen und Probleme im Roman sorgt. Nur Corinna, die eine Entwicklung durchmacht, ist eine Ausnahme. Durch diese starren Charaktere und ihren Einfluss auf die Handlung ähnelt *Frau Jenny Treibel* der so genannten Charakterkomödie.

der Roman gewinnt eine zeitlose Gestalt

Damit gewinnt der Roman eine zeitlose Gestalt. Kritisiert werden menschliche Charaktereigenschaften als solche. Der opportunistische Treibel, die willensstarke und sentimentale Jenny, der egoistisch-liebenswürdige Schmidt – es sind immer und überall zu findende Charaktere.

18 Martini, S. 788

Die berühmtesten Charakterkomödien stammen von dem französischen Autor Molière (1622–1673). Er hat auch die Person des Räsoneurs erfunden, eine Figur, die im Stück die Konflikte benennt und erläutert. Der Räsoneur besitzt gesunden Menschenverstand und ist dabei eine Art Verbindungsmann zwischen Werk und Zuschauer/Leser.
In *Frau Jenny Treibel* ist der Räsoneur Frau Schmolke, sagt sie doch zu Corinna: „Du bist übrigens gar nich mal so klug" (S. 141), und: „Du (...) könntest schon sechs Jahre verheiratet sein" (S. 113), und auch: „Dann is es wirklich die höchste Zeit, dass was geschieht" (S. 142). Es sind Sätze, die gerade für den Leser grundsätzliche Informationen beinhalten.
Von Frau Schmolke stammt auch der Satz, der genau in eine Charakterkomödie passt: „Der Mensch is am Ende, wie er is." (S. 149) Doch dürfen wir Frau Schmolke nicht nur funktional als Räsoneur sehen. Frau Schmolke ist die menschlich anrührendste Figur. Ihre geistige „Gesundheit" ist für Corinna „etwas Ausstrahlendes (...), das eine wohltuende Wirkung hat"[19].

2.7.4 *Frau Jenny Treibel* – eine Satire

Aus dem Geschehen, mag man es gesellschaftlich, romanhaft oder komisch auffassen, ragt eine Figur heraus, die Titelgestalt Jenny. Mit dieser Figur wird der Roman zur „Satire"[20].
Unter einer Satire versteht man ein literarisches Werk, das gesellschaftliche Zustände oder eine Person dadurch lächerlich macht und kritisiert, dass es die schlechten Züge betont und übertreibt. Die Satire erfindet nichts Neues, und sie stellt

19 Friedrich, S. 40
20 Reuter, 2. Bd., S. 694

dem Schlechten kein positives Bild entgegen. Die Kunst der Satire liegt allein im Übertreiben des Gegebenen. Dabei fließen Ironie und Spott ein. Die durch die Satire ausgesprochene Kritik ist aggressiv, eben weil die Satire nahe an der Wirklichkeit ist.

Übertreiben des Gegebenen

Die Figur der Bourgeoise Jenny Treibel wird satirisch dargestellt. Tatsächlich hat Fontane in einem Brief (am 25. August 1891) geschrieben: „Ich hasse das Bourgeoishafte mit einer Leidenschaft, als ob ich ein eingeschworner Sozialdemokrat wäre."[21] Schon der Romantitel, der nicht einfach ‚Jenny Treibel' lautet, sondern scheinbar höflich das Wort ‚Frau' davor setzt, ist satirisch.

Jennys satirische Sonderrolle wird sehr deutlich im 10. Kapitel beim Spaziergang in Halensee. Wir erleben mehrere Gesprächsgruppen: Erstens die, in der Treibel über die Ehe spricht, und zwar über „die schlimmsten Ehen" mit tiefem Streit (S. 97), und zweitens das Paar Corinna und Leopold, das sich verlobt und damit die Ehe ansteuert (S. 104 f.). In der dritten Gruppe, die zwischen den beiden anderen erscheint, führt Jenny das große Wort. Auch ihr geht es um die Ehe. Sie erklärt Schmidt, dass sie „als Gattin eines in der Welt der Ideen und vor allem auch des Idealen stehenden Mannes wahrscheinlich glücklicher geworden wäre" (S. 99). Jenny formuliert höchst emotional; sie spricht vom „ewig zehrende[n] Schmerz", vom fehlenden „Glück" und benutzt die Wörter „wie wahr, wie schön" (S. 98 f.)! Noch am selben Abend verbietet sie Leopold die Ehe mit Corinna. Jennys Phrasenhaftigkeit ist eine Satire auf besitzbürgerliche Denkweisen.

Satirisch übertrieben ist auch, wie Jenny einen langen Brief voll herzlicher Formulierungen aus dem Ärmel schüttelt („meine süße Hildegard", S. 125), um die einst verschmähte Hildegard für Leopold heranzulocken.

---

21 Fontane, *Werke, Schriften und Briefe*, IV/4, S. 148

Eine satirische Konstruktion ist Jennys gewaltiger Einfluss

Doch Jenny ist mehr als die Summe solcher satirischer Momente. Eine satirische Konstruktion ist Jennys gewaltiger Einfluss im gesamten Handlungsablauf. Denn Jenny ist die Siegerin auf der ganzen Linie, und dies trotz ihrer Charakterfehler. Damit ist der Roman ein „Generalangriff"[22] auf die wachsende gesellschaftliche Macht des Besitzbürgertums. Kurz: Er ist eine politische Satire.

2.7.5 Die Brisanz der Schlussszene: Kritik und Spiel

Wie viele Romane endet *Frau Jenny Treibel* mit einer Hochzeit. Ist dies ein Happyend? Schmidt jedenfalls fühlt sich glücklich: Seine Tochter Corinna heiratet Dr. Marcell Wedderkopp, der Schmidts Kollege ist. Dies ist aber kein Happyend, wenn wir die Hauptperson Corinna betrachten. Corinna hat im Laufe des Romans dazugelernt. Am Anfang sagte sie: „Jugend ist gut. Aber ‚Kommerzienrätin' ist (...) noch besser" (S. 6), später dagegen: „Diese furchtbare Frau!" (S. 151) Doch mit dem Glück rechnet Corinna nicht. Im Gespräch mit Marcell weicht sie der entscheidenden Frage aus (ebd.). Ihrem Vater erklärt sie, als er von Marcells Karriere spricht, „vorläufig indes sei sie mehr für Haus- und Kinderstube" (S. 149).

Corinna, als eine Frau im 19. Jahrhundert, kann nur durch eine Heirat aus der väterlichen Atmosphäre herauskommen und sich weiterentwickeln. Diese bittere Einsicht hat ihr Werben um Leopold bestimmt, ist aber auch maßgebend für ihre Eheschließung mit Marcell. Gewiss, Marcell ist besser für sie als Leopold, aber er ist doch nur das „Schattenbild"[23] von

22 Grawe, in: Grawe/Nürnberger, S. 618
23 Böschenstein, S. 284

Corinnas Vater. Um es radikal auszudrücken: Corinna lebt vorher und lebt nachher in einem „geistige[n] Gefängnis"[24]. Damit ist aber nicht alles gesagt. Ganz am Schluss sind das Hochzeitspaar und Jenny schon aufgebrochen, die verbliebenen Anwesenden sind brüderlich vereint. Nun kommt Schmidts Gedicht für Jenny zu Ehren; Krola trägt es als Lied vor. Schmidt, ohnehin froh gestimmt und leicht alkoholisiert, verteidigt jetzt sogar Jennys Sentimentalitäten (siehe 2.5.5). Er ruft aus: „Treibel, unsere Jenny hat doch Recht." (S. 156) Bedenkt man, dass *Frau Jenny Treibel* streckenweise eine Charakterkomödie, also ein Lustspiel ist (2.7.3), so ergibt sich eine Aufforderung an den Leser – die verblüffende Aufforderung nämlich, das ganze Geschehen als ein Spiel zu sehen. Je mehr wir in den Roman eindringen, desto mehr enthüllen sich uns, bis hin zur Schlussszene, seine spielerischen Elemente.

Aufforderung an den Leser, das ganze Geschehen als ein Spiel zu sehen

Der Roman als:

Schlussszene:
Hochzeit, die nicht glücklich macht („Wer ist glücklich? Kennst du wen?", S. 151)

Schlussszene:
Hochzeitsgäste, gerührt und versöhnt (Vortrag Jennys Lied)

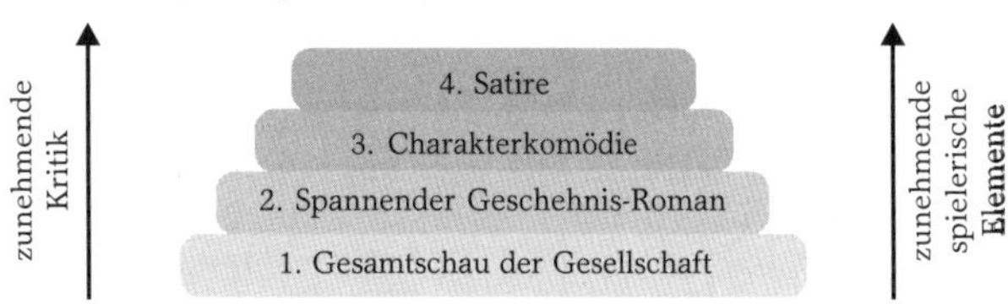

24 Dieterle, S. 140

Der Roman hat also eine zweifache Dynamik. Zum einen nimmt in seinem Verlauf die Kritik an der Gesellschaft und am Menschen immer mehr zu. Indem Fontane sein Erzählen bis zur Satire entwickelt, wird seine Kritik immer schärfer. Zum andern wird das spielerische Element immer stärker.
Wofür entscheidet sich der Leser – für die Wahrnehmung der Kritik oder die Wahrnehmung des Spielerischen? Die Frage ist falsch gestellt, eine Antwort ist nicht möglich. Wir nehmen, nicht immer bewusst, beides wahr. Die Kritik und das Spiel – beides ist Teil des Kunstwerks.

3. Themen und Aufgaben

Allgemeine Gesichtspunkte

- Erläutern Sie Treibels Charakter von dem „Waschengel"-Gespräch (S. 89) her. — Tipp: 2.4.1, 5.4
- Beurteilen Sie Schmidts Verhalten bei dem Streitgespräch Jenny/Corinna (13. Kapitel). — Tipp: 2.4.1, 2.7.1
- Besitzbürgertum (Treibel) und Bildungsbürgertum (Schmidt): Sind sie getrennt, oder bilden sie eine Einheit? Was sagt hierüber das 1. Kapitel? — Tipp: 2.4.2, 2.7.1
- Hat Fontanes Kritik an der Figur Jenny Treibel heute noch Bedeutung? — Tipp: 2.7.4, 4.1, 5.5
- Nach Corinnas Worten ist Jenny eine „furchtbare Frau" (S. 151). Erklären Sie diesen Ausdruck. — Tipp: 2.5.1, 2.7.4
- Stellen Sie Corinnas Entwicklung im Roman dar. — Tipp: 2.4.1
- Der ganze Roman spielt binnen zweier Monate. Erklären Sie diese Kürze. — Tipp: 2.7.2, 2.7.3
- Erläutern Sie Schmidts Satz: „Das Poetische hat immer Recht." (S. 56) — Tipp: 2.5.5, 2.7.5

Spezielle Beobachtungen

▶ Jenny sagt, sie habe sich „an Gedichten herangebildet" (S. 7). Geben Sie ihr Recht?	Tipp: 2.4.1, 2.7.4
▶ Gegen Ende erfährt man auch von der raschen Verlobung der Felgentreus mit den Referendaren (S. 153). Erläutern Sie dieses Motiv.	Tipp: 2.5.4, 5.4
▶ Das „arme verschmachtete Tier" in Halensee (S. 94): Passt dieses Motiv Ihrer Meinung nach in den Roman?	Tipp: 2.6.1, 2.6.2
▶ Leopold „ist und bleibt doch unter Durchschnitt", sagt die Hamburgerin Helene (S. 75). Hat sie Recht, oder ist es ein Vorurteil?	Tipp: 2.3.3, 2.7.3
▶ Erläutern Sie Frau Schmolkes Satz: „Aber ich sehe alles und seh noch viel mehr" (S. 107).	Tipp: 2.7.3 (Schluss), 2.6.2
▶ Das 12. Kapitel beginnt mit den Worten: „Ziemlich um dieselbe Zeit". Deuten Sie diesen Beginn.	Tipp: 2.7.2
▶ Am Ende singt Krola und nicht, wie im 4. Kapitel, Jenny. Erklären Sie dies.	Tipp: 2.7.1, 2.7.5

Die Lösungstipps beziehen sich auf die Kapitel der vorliegenden Erläuterung.

4. Rezeptionsgeschichte

4.1 *Frau Jenny Treibel* und die begeisterten Leser

Der Roman gehört zu den meistgelesenen der deutschen Literatur. Man kann behaupten: Wer in Deutschland von ‚Bourgeoisie' spricht, denkt an Fontanes *Frau Jenny Treibel*. In der 17. Auflage des *Brockhaus* wird unter dem Stichwort ‚Bourgeoisie' als einziges literarisches Beispiel dieser Roman angeführt. Oft wird er in einem Atemzug mit Thomas Manns bürgerlichem Roman *Die Buddenbrooks* (1901) genannt. In seinem Drehbuch für die Verfilmung von 1982, ausgestrahlt von der ARD, hat Walter Jens *Buddenbrooks*-Elemente eingeführt, indem er die Hamburger Verwandten der Treibels unter finanziellen Nöten leiden lässt. Dieser Film änderte noch mehr: Am Ende nimmt Corinna, statt zu heiraten, ein Studium in der Schweiz auf, wo tatsächlich das Frauenstudium schon möglich war. Nicht mit Corinnas Hochzeit endet der Film, sondern mit der besitzbürgerlichen Verlobung von Leopold und Hildegard.

Verfilmung 1982 von Walter Jens

Dies war bereits die vierte Verfilmung. In der ersten Verfilmung, 1951 in der DDR unter dem Titel *Corinna Schmidt* (Drehbuch und Regisseur Artur Pohl), schließt sich Marcell der Sozialdemokratischen Partei an. Es gibt nicht viele Romane, die ihre Leser so intensiv zum Weiterdenken und Weiterfantasieren aufgefordert haben wie *Frau Jenny Treibel*.

erste Verfilmung 1951 in der DDR

Interessanterweise hat Jenny, diese satirische Gestalt, bei den Lesern vielfach Bewunderung erregt. In Günter Grass' Roman *Ein weites Feld* von 1995 spricht die Hauptperson Wuttke, genannt Fonty, voller Lob über „Weibsbilder von starkem Willen", zu denen auch „Corinna Schmidt und ihr Widerpart Jenny Treibel"[25] zu zählen seien. Schon vorher, 1990, bei der Gründung der Theodor-Fontane-Gesellschaft in Potsdam, hat die renommierte Fontane-Forscherin Charlotte Jolles ausgerufen: „Wir werden viel Geld brauchen", und halb im Scherz ergänzt: „Frau Jenny ist diejenige, die uns den Weg zeigt, denn sie hat es geschafft, Geld und Poesie zu verbinden."[26] Auch diese Potsdamer Worte erscheinen in Günter Grass' Roman.[27] Im Jahre 1967 aber, als die Bundesrepublik Deutschland im Zeichen des ‚Wirtschaftswunders' stand, hat der große elsässische Literaturwissenschaftler Robert Minder die deutschen Leser gewarnt: „Auf den Gegensatz zwischen Sein und Schein laufen die Romane Fontanes hinaus", und dies sei überdenkenswert für die, „die in den überquellenden Komfort des Wirtschaftswunders hineinschaukeln"[28]. So hat der Roman *Frau Jenny Treibel* immer wieder seine Aktualität bewiesen. In seinem *Studienbuch* (1998) betont Hugo Aust, dass dieses Werk nicht etwa längst vergessene Probleme behandele. Vielmehr sei es eine „beunruhigende, überaus scharfe und weitsichtige Kritik an den Grundlagen der modernen bürgerlichen Gesellschaft"[29].

25 Grass, Günter: *Ein weites Feld.* Göttingen: Steidl 1995, S. 627

26 Jolles, Charlotte: „Festvortrag zur Gründung der Theodor Fontane Gesellschaft e. V. am 15. Dezember 1990 in Potsdam". In: Fontane Blätter 51/1991, S. 4–15 (S. 9, 14)

27 Wie Anm. 25, S. 667 f.

28 Robert Minder: *Über eine Randfigur bei Fontane.* In: Preisendanz, S. 401–417 (S. 404, 417) (zuerst 1967)

29 Aust, S. 151

4.2 *Frau Jenny Treibel* in der Literaturwissenschaft

Der Humor des Romans und seine Berliner Milieuschilderungen waren es vor allem, die den frühen Interpreten, noch zu Fontanes Lebzeiten und in den ersten Jahrzehnten danach, auffielen. Die Gesellschaftskritik wurde demgegenüber als nachrangig empfunden. Auch das kluge Buch *Theodor Fontane* von Conrad Wandrey, erschienen 1919, steht in dieser Tradition. Wandrey bemerkt zwar: „Fontane will die lügnerische Phrasenhaftigkeit, den leeren Hochmut, das Hartherzige der Bourgeoiswelt zeichnen". Doch vor allem betont Wandrey: „Eine behaglich-ironische Gesamtstimmung, das ist der letzte und bleibende Eindruck von *Frau Jenny Treibel*, diesem Milieuroman ohne große Kurven im äußeren Verlauf und ohne tiefere seelische Konflikte."[30]

Vorwurf der Oberflächlichkeit

Von hier aus ist es zum Vorwurf der Oberflächlichkeit nicht weit, ein Vorwurf, der Fontane von dem marxistischen Literaturtheoretiker Georg Lukács im Jahre 1951 gemacht wurde. Lukács sieht in dem Roman nicht einen Kritikwillen Fontanes, sondern nur die Devise ‚Alles Verstehen heißt alles Verzeihen', und sagt: „Ein solches allzu weit geführtes, allzu gemütliches ‚Alles verstehen, ist alles verzeihen' nähert (...) *Frau Jenny Treibel* doch der bloßen Belletristik an."[31]

Zwei wichtige Arbeiten haben dem widersprochen. Für Hans-Heinrich Reuter ist in seiner Fontane-Biografie von 1968 *Frau Jenny Treibel* die große Abrechnung mit der Bourgeoisie. Ihr gegenüber sei Fontanes Grundhaltung eine „bis zu Eiseskälte gesteigerte Distanz"[32]. Reuter unterstreicht auch Jennys

30 Wandrey, S. 252, 260
31 Lukács, Georg: *Der alte Fontane*. In: Preisendanz, S. 25–79 (S. 58)
32 Reuter, 2. Bd., S. 690

Gegnerschaft zu Corinna; für ihn ist Corinna die große positive Figur, eine Vertreterin der „jungen fortschrittlichen Intelligenz"[33]. Ingrid Mittenzwei hat in ihrem Buch *Die Sprache in Frau Jenny Treibel* diese Sicht unterstützt. In den Gesprächsszenen zeige Fontane immer wieder den Standesdünkel des Besitzbürgertums.

Standesdünkel des Besitzbürgertums

Einen ganz anderen Akzent hat 1973 Dieter Kafitz gesetzt. Er sieht Standesdünkel und Vorurteile in beiden Sphären, auch bei den Bildungsbürgern wie Professor Schmidt. Bei ihnen könne man den „Rückzug der kritischen Intelligenz" und die „Bourgeoisierung des Lebens" beobachten, und eben dadurch sei Fontanes Roman „ein realistisches Bild des Bürgertums seiner Zeit" geworden.[34] Eine Studie aus dem Jahr 2001 unterstreicht diesen Standpunkt. Ihr zufolge steht *Frau Jenny Treibel* aktuellen neomarxistischen Analysen (im Stile des französischen Soziologen Pierre Bourdieu) nahe. Wenn Corinna verzweifelt taktiert, um einen Mann zu bekommen, so „scheint Bildung in ihren Augen keinen Eigen-, sondern einen Tauschwert zu besitzen"[35].

Besondere Aufmerksamkeit hat die Äußerung der Figur Schmidt im 13. Kapitel gefunden: „Wenn ich nicht Professor wäre, so würd ich am Ende Sozialdemokrat." (S. 133) Reuter meint hierzu, es sei ein Satz, den „Fontane selbst hätte aussprechen können"; es sei ein Bekenntnis des „progressiven bürgerlichen Schriftstellers."[36] Der kanadische Germanist Kenneth Attwood widerspricht scharf: Am revolutionären Auftreten „hindert ihn sein eigener bürgerlicher Standort, den er auch zuletzt nicht preisgibt."[37]

33 Ebd., S. 693
34 Kafitz, S. 100
35 Joch, S. 59
36 Reuter, 2. Bd., S. 695, 812
37 Attwood, S. 182

Die Debatte ist seither im Fluss. Neuerdings hat Kerstin Stüssel dargelegt, dass gerade aus Professor Schmidt eine kritische Haltung spreche: Indem Schmidt im 6. Kapitel den Autodidakten Heinrich Schliemann lobt, übt er „Bildungskritik" und damit Gesellschaftskritik.[38] Demgegenüber hat schon 1986 Bettina Plett in ihrer großen Arbeit über Fontanes Kunst des Zitierens betont: *Frau Jenny Treibel* sei mehr als jeder andere Fontane'sche Roman von Zitaten durchsetzt, und bei diesem zitatenreichen Sprechen zeigten beide Sphären, das Besitz- und das Bildungsbürgertum, ihre Schwächen.[39]

Roman von Zitaten durchsetzt

Mehrere Autoren haben sich mit der Schlussszene des Romans, der Gästerunde bei Corinnas Hochzeit, befasst. Stefan Neuhaus versteht sie als ein Happyend und als die „Einebnung der sozialen Schranken"[40], wobei sich der Einfluss Schillers andeute. Christian Grawe präzisiert dies: Mit dem Vortrag von Jennys Lied am Ende rücke „das Poetische" und seine Macht in den Vordergrund, und gleichzeitig zeige sich Schmidt, der das letzte Wort im Roman hat, mehr als jeder andere von seiner „menschlicheren" Seite.[41] Die Diskussion ist nicht abgeschlossen; siehe Gerhard Kaisers Urteil in Abschnitt 5.3 dieser Erläuterung. Fontanes hochzeitliche Szene ist so realistisch und kunstvoll, dass die Leser und Forscher zu unterschiedlichen Urteilen kommen; gerade so, als hätten sie an einer wirklichen Hochzeit teilgenommen, über deren Ablauf man ja auch verschiedener Meinung sein kann.

Einen speziellen Blickwinkel hat 1995 Renate Böschenstein bezogen. Für sie ist der Roman eine scharfe Kritik an der Situation der

Kritik an der Situation der Frau

38 Stüssel, S. 120
39 Plett, S. 68
40 Neuhaus, S. 192
41 Grawe, in: Grawe/Nürnberger, S. 625

Frau. Corinnas Leben sei eine „Tragödie"[42]. Corinna dürfe sich nicht entfalten, weil die Gebote der damaligen Zeit es ihr verwehren – Gebote, die Corinna „verinnerlicht" habe.[43] Dass alles anders sein könnte, deutet Fontane an, indem er im 5. Kapitel den Roman *Corinne ou l'Italie* von Madame de Staël erwähnt, in dem eine selbstständig handelnde Dichterin auftritt. Böschensteins Betrachtungen hat Regina Dieterle weitergeführt und die unglückliche Lage der weiblichen Nebenfiguren beschrieben.[44]

Fontanes Kunst des Erzählens

Vielfach haben die Interpreten Fontanes Kunst des Erzählens herausgearbeitet und bemerkt, dass Fontane die üblichen Grenzen des Romans überschreitet. Fritz Martini sieht viele „Lustspielelemente"; das Werk besäße eine „erzählerische Komödienform"[45]. Wenn aber alles wie Theater und Komödie aussieht, kann man dann das Werk noch beim Wort nehmen? Der amerikanische Germanist Roy C. Cowen betont, dass man eine anspruchsvolle Komödie immer ernst nehmen müsse, und so sei *Frau Jenny Treibel* eine Art Komödie, in der „das Thema ans Tragische oder wenigstens ans sehr Ernste grenzt."[46]

Modernität des Romans

Andreas Poltermann geht hier weiter. Er beschreibt das Romanganze als eine „Reihung vorgegebener theatralischer Muster" und bemerkt darin eine Modernität des Romans: Die Personen des Romans spielten „in einer Geschichte ohne ,ernsthaftes Zentrum'". Demnach deuteten die zahlreichen Zitate, die die Personen benutzen, einen „Verfall der Werke", also sogar den Untergang der Literatur an.[47]

42 Böschenstein, S. 283
43 Ebd., S. 285
44 Dieterle, S. 139 f.
45 Martini, S. 788
46 Cowen, S. 337
47 Poltermann, S. 142 f.

5. Materialien

5.1 Äußerungen Theodor Fontanes

Als Fontane die erste Fassung des Romans beendet hatte, schrieb er seinem Sohn Theodor (am 9. Mai 1888):

„Zweck der Geschichte: das Hohle, Phrasenhafte, Lügnerische, Hochmütige, Hartherzige des Bourgeoisstandpunkts zu zeigen, der von Schiller spricht und Gerson [ein Berliner Kaufhaus] meint. Ich schließe mit dieser Geschichte den Zyklus meiner Berliner Romane ab (…).“

Fontane, *Werke, Schriften und Briefe*, IV/3, S. 601

Die folgende Äußerung (um 1884) ist eine innere Vorbereitung Fontanes für die Figuren Schmidt und Kollegen. Bei dem Philosophen Schopenhauer hatte Fontane gelesen, ein Mensch, welcher kein Latein verstehe, sei wie ein Mensch im Nebel. Fontane notierte sich:

„Nach ***meinen*** *Lebenserfahrungen ist dies alles Unsinn. Es gibt nichts Beschränkteres als einen lateinischen Gymnasialprofessor (…), und die, die eine Ausnahme davon machen, verdanken es entweder der Gnade Gottes, die ihnen einen guten Grips mit ins Leben gab, oder modernen Einflüssen, die mit der Latinität nicht das geringste zu schaffen haben.“*

Fontane: *Aufzeichnungen zur Literatur.* Hg. v. Hans-Heinrich Reuter. Berlin/Weimar: Aufbau, 1969, S. 55

In einem Brief Fontanes (25. August 1891) an seine Tochter Martha finden sich zwei Sätze, die einen Zwiespalt in Fontane selbst zeigen:

„Ich hasse das Bourgeoishafte mit einer Leidenschaft, als ob ich ein eingeschworner Sozialdemokrat wäre. (...) Das Bourgeoisgefühl ist das zur Zeit bei uns maßgebende, und ich selber, der ich es grässlich finde, bin bis zu einem gewissen Grade von ihm beherrscht."

Fontane, *Werke, Schriften und Briefe*, IV/4, S. 148

Im 13. Kapitel spielt Schmidt plaudernd mit dem Gedanken, Sozialdemokrat zu sein, also der Partei der Arbeiter anzugehören. In einem Brief an den englischen Arzt James Morris (22. Februar 1896) äußerte Fontane radikale Gedanken in ähnlicher Richtung:

„Alles Interesse ruht beim vierten Stand. Der Bourgeois ist furchtbar, und Adel und Klerus sind altbacken, immer wieder dasselbe. Die neue, bessere Welt fängt erst beim vierten Stande an. Man würde das sagen können, auch wenn es sich bloß erst um Bestrebungen, um Anläufe handelte. So liegt es aber nicht; ***das****, was die Arbeiter denken, sprechen, schreiben, hat das Denken, Sprechen, Schreiben der altregierenden Klassen tatsächlich überholt, alles ist viel echter, wahrer, lebensvoller. Sie, die Arbeiter, packen alles neu an, haben nicht bloß neue Ziele, sondern auch neue* ***Wege****."*

Fontane, *Werke, Schriften und Briefe*, IV/4, S. 539

5.2 Leben im Kaiserreich

Wer gehört zum Bürgertum? Der Historiker Jürgen Kocka legt dar:

„Nicht zum Bürgertum rechnen Adel, katholischer Klerus, Bauern, Arbeiter und die Unterschichten insgesamt. Auf jeden Fall zum Bürgertum rechnen die Kaufleute, Fabrikanten und Bankiers, Kapitalbesitzer, Unternehmer und ihre leitenden Angestellten – also das Wirtschaftsbürgertum bzw. die Bourgeoisie im eigentlichen Sinn. Ebenfalls zum Bürgertum rechnet man bei uns in der Regel die Ärzte, Rechtsanwälte und anderen freien Berufe, die Gymnasiallehrer und Professoren, die Richter und höheren Verwaltungsbeamten (...) – also Personen, die durchweg höhere, tendenziell akademische Bildung besitzen und davon leben und die man deshalb auch manchmal mit der Sammelbezeichnung ‚Bildungsbürger' zusammenfasst. ‚Bourgeoisie' und ‚Bildungsbürgertum' sind die beiden wichtigsten Segmente des Bürgertums. (...) Ob die große Masse der kleinen Selbständigen in Handel und Gewerbe (...) und die (...) mittleren und kleineren Angestellten und Beamten eindeutig zum Bürgertum zu rechnen sind, ist schon weniger klar. Jedenfalls gegen Ende des 19. Jahrhunderts bezeichnete man sie gern als ‚kleinbürgerlich' (...)."

Jürgen Kocka: *Obrigkeitsstaat und Bürgerlichkeit. Zur Geschichte des deutschen Bürgertums im 19. Jahrhundert.* In: Wolfgang Hardtwig/Harm-Hinrich Brandt: Deutschlands Weg in die Moderne. München: C. H. Beck, 1993, S. 107–121 (S. 107)

Thomas Nipperdey beschreibt den Einfluss des Bürgertums:

„Man kann von der Macht und kann von der Ohnmacht der Bürger in Deutschland sprechen. Die Bürger bestimmten die Welt der Kultur, der Wissenschaft, der Bildung; die Welt der Technik und der industriell-kommerziellen Wirtschaft, die Welt der Städte, ihre Verwaltungen und ihre Aktivitäten und damit die Individualisierungsmöglichkeiten in der Gesellschaft. In der Politik dagegen waren die Bürger weit weniger mächtig. Auch die große Bourgeoisie herrschte nicht: Adel und Militär hatten einen erheblichen Einfluss, der Staat war – trotz der individuell bürgerlichen Beamten – unbürgerlich, obrigkeitlich."

Thomas Nipperdey, S. 394

Christa Berg erläutert die Ausbildung der Jugendlichen im Bürgertum des Kaiserreiches:

„Der Sohn der bürgerlichen Familie war nach seiner frühen Kindheit in der Familie (nicht im Kindergarten) in erster Linie Gymnasiast (...). Der Bildungsgang der höheren Tochter wurde gänzlich anders konzipiert. Je nach der Finanzkraft der Familie erhielt sie Privatunterricht oder besuchte – oft nur vorübergehend – eine Privatschule. Viele Mädchen saßen nach der Erfüllung der Schulpflicht, also nach dem 14. Lebensjahr, ziellos im Elternhaus oder als Haustochter in standesgleichen Familien herum. Bei gesellschaftlichen Ereignissen und Festlichkeiten hatten sie ihre ‚Auftritte' (...). Sie durften in der Regel keinen Beruf erlernen, langweilten sich bei Handarbeiten oder waren von der ‚Klavierseuche' ergriffen (...)."

Christa Berg: *Familie, Kindheit, Jugend*. In: dies.(Hg.): Handbuch der deutschen Bildunggeschichte. Bd. IV:1870–1918. München: C. H. Beck 1991, S. 91–145 (S. 103)

5.3 Der Kritiker Fontane

Hans-Heinrich Reuter, der große Fontane-Forscher der DDR, schreibt über die Hauptfigur Jenny:

„Das ‚Gefühlsleben' der Bourgeoise ist vollends der Gegenstand eines so souveränen Spottes geworden, wie ihn Fontane niemals über eine Adelsgestalt ausgeschüttet hat. Die Grundhaltung des Dichters ist eine jetzt bis zu Eiseskälte gesteigerte Distanz, wie sie nur dort möglich ist, wo man nie geliebt hat. Selbst Hass vermochte in dieser Kälte nicht zu gedeihen."

Hans-Heinrich Reuter: *Fontane*, 2. Bd., S. 690

Der Rhetoriker Walter Jens, das 13. Kapitel des Romans vor Augen, schlüpft in die Rolle des preußischen Unterrichtsministers und schreibt Professor Schmidt einen disziplinarischen Brief:

„In meiner Eigenschaft als Ihr Dienstvorgesetzter erteile ich Ihnen hiermit einen ***strengen Verweis*** *und teile Ihnen gleichzeitig von Amts wegen mit, dass Sie mit einer fristlosen Entlassung cum infamia und einem Verlustiggehen Ihrer Pensionsansprüche zu rechnen haben, falls Sie fortfahren sollten, socialdemocratische Bestrebungen in der Öffentlichkeit zu unterstützen. (...) Durch die Aussagen der Herren Professoren Kuh, Rindfleisch und Schultze darf es als erwiesen gelten, dass Sie zu wiederholten Malen im Lehrerzimmer des Großen-Kurfürsten-Gymnasiums erklärt haben: ‚Wenn ich nicht Professor wäre, so würd' ich am Ende Socialdemocrat.' (...)*
Rechnet man zu alledem hinzu, dass Sie wiederholt, sowohl im Collegen-Kreise als auch vor Schülern, sich zu der Behauptung

haben hinreißen lassen, Moralbegriffe und Ideale seien vom Besitzstand ihrer Vertreter abhängig (...), dann zeigt dieses Ihr Exempel nur allzu deutlich, wie sehr der sittliche Stand der Lehrer schon ins Schwanken geraten ist (...).“

Walter Jens, S. 181 ff.

Der Literaturwissenschaftler Gerhard Kaiser interpretiert die letzten Zeilen des Romans:

„‚Schmidt weinte vor sich hin.‘ Dass er einmal mit einer Frau verheiratet war und mit ihr eine Tochter gezeugt hat, scheint ihm entfallen zu sein; es ist ihm und dem Erzähler im gesamten Roman nicht ein einziges Wort wert. Und dieser alte, egozentrische Mann ist noch der lebendigste von allen! Das sagt etwas sehr Pessimistisches über Liebe, Ehe und Gesellschaft.“

Gerhard Kaiser, S. 26

5.4 Über die Rollen der Frau

Lilo Grevel betont, dass Jenny nicht nur die ‚Bourgeoise' ist:

„Sie verkörpert gleichzeitig eine verbreitete Vorstellung vom ‚Wesen der Frau' schlechthin. (...) So souverän Jenny ihre Gesellschaftsverpflichtungen wahrnimmt, so sehr beherrscht sie auch den anderen wichtigen Bereich ihrer häuslichen Zuständigkeiten: den der Kindererziehung. Da die Familientradition natürlicherweise auf die Kinder baut, ist es verständlich, dass Jennys besondere Sorge der ‚standesgemäßen' Erziehung und Entwicklung ihrer Söhne gilt: nach der wunschgemäßen Heirat des Älteren vor allem einer entsprechenden Verbindung Leopolds."

Lilo Grevel, S. 185–187

Renate Böschenstein schreibt über Schmidt und seine Tochter Corinna:

„Wenn er zu ihr sagt, ‚Werde, der du bist', so ruft er sie nicht zur Entdeckung ihrer Anlagen auf: Er hat schon vorentschieden, wer sie sei. Das erklärt sowohl ihre Unfähigkeit zu erotischer Leidenschaft als auch ihren Mangel an geistiger Aktivität. (...) Bei Corinna ist es ein verinnerlichtes Gebot, das ihr untersagt, ihrem Geist eine andere Bestimmung zu geben als die, Marcells Gefährtin zu sein, der seinerseits die Aufgabe hat, des Vaters Sehnsucht nach archäologischer Tätigkeit zu verwirklichen."

Renate Böschenstein, S. 285

Die Psychologin und Literaturwissenschaftlerin Regina Dieterle stellt grundsätzlich fest:

„Der Romantext zeigt denn auch in unterschiedlichen Varianten immer wieder das geistige Gefängnis der Frauen, ihr endlos sinnentleertes Kreisen und ihren inneren Tod. Etwa in der Figur des verbitterten und unbefriedigten Fräulein Honig, die mit Jennys Bologneser Hündchen Czicka und 16-jähriger Erzieherinnenerfahrung immer rund ums Bassin läuft. Oder in der Figur der gerade eingeschulten Lizzi, die in ihrem Weißzeug und ihrer Blutleere ganz puppenhaft, ja scheintot wirkt."

Regina Dieterle, S. 140

5.5 Künstlerische Feinheiten im Roman

Der Germanist Norbert Mecklenburg betrachtet die Personen und ihre Namen:

„Der Roman spielt auf fast alberne Weise mit Namenskomik: Da sind die Bomst und die Ziegenhals, wobei nicht erstere, vielmehr letztere eine korpulente Dame ist; da ist die Honig, deren ‚herbe Züge sich wie ein Protest gegen ihren Namen ausnahmen'. Komische Figuren sind Lizzi, das zur Puppe, zum ‚Waschengel' deformierte Kleinkind, und Leutnant Vogelsang, das ‚Gespenst' von einem Politiker, eine reine ‚Karikatur'. Frau Schmolke im Hause Schmidt ist zwar auch eine komische Figur mit ihrer ständigen Berufung auf die Autorität ihres verstorbenen Mannes, aber sie erweist sich bei all ihrer Beschränktheit – und das gehört zu den bewundernswertesten Kunststücken Fontane'scher Figurengestaltung – als die menschlich reifste, feinfühligste unter allen Figuren des Romans."

Norbert Mecklenburg, S. 26

Edith H. Krause bemerkt, dass in der englischen Übersetzung des Romans der Titel ‚Jenny Treibel' lautet, also verkürzt ist. Was ist das Besondere an Fontanes Romantitel?

„In dieser Verbindung von Titel und Namen [‚Frau Jenny Treibel'] erreicht Fontane ein exaktes Mittelmaß von individueller Konturierung und lustspielhafter Typifizierung. Dem Leser des Originals wird so also schon im Haupttitel eine Charakteristik des Werkes und seiner Hauptfigur vorgestellt, die dem Leser der englischen Fassung abgehen muss, da die Anredegepflogenheiten innerhalb des zielsprachlichen Kontextes anders sind. Der leichte Ton

der Ironie ist für den englischen Leser auf diese einfache Weise nicht zu reproduzieren."

Edith H. Krause: *Theodor Fontane. Eine rezeptionsgeschichtliche und übersetzungskritische Untersuchung.* Bern u. a.: Lang, 1989, S. 94

Der Schriftsteller Herbert Rosendorfer erklärt, dass Theodor Fontane wie alle Dichter doch nicht Realist sei:

*„Der Dichter erfindet. Er erfindet Menschen, Geschicke, Zeiten, und er erfindet Orte. Eigentlich gibt es in der Literatur **nur** erfundene, also imaginäre Geografie. Homers Troja ist imaginär wie die ungenannte Stadt, in der sich das Geschick der Familie Karamasow vollzieht. Selbst das Wien Schnitzlers und das Berlin Fontanes hat es **so**, wie diese vermeintlichen Realisten es schildern, nie gegeben, vom Dublin des James Joyce ganz zu schweigen."*

Herbert Rosendorfer: Vorwort. In: Alberto Manguel/Gianni Guadalupi: *Von Antlantis bis Utopia.* München: Christian 1981, S. 6

Helmuth Nürnberger stellt in seiner großen Fontane-Biografie über *Frau Jenny Treibel* fest:

„Allen rhetorischen Schwulstes und aller überzogenen Kritik ledig, tritt die menschliche Problematik dadurch um so deutlicher hervor und erweist sich nunmehr als gar nicht so zeitgebunden, wie es zunächst den Anschein hatte. Die Erzählung setzt eine bestimmte Epoche mit ihren bis zur Skurrilität gesteigerten Eigentümlichkeiten ins Bild und veranschaulicht zugleich menschliche Verhaltensformen überhaupt."

Helmuth Nürnberger: *Fontanes Welt*, S. 361

Literatur

Zitierte Ausgabe:

Fontane, Theodor: *Frau Jenny Treibel oder Wo sich Herz zum Herzen find't.* Husum: Hamburger Lesehefte Verlag, o. J. (176. Heft)

Gesamtausgaben:

Fontane, Theodor: *Sämtliche Werke.* Hg. v. Edgar Groß u. a. (24 Bde.) München: Nymphenburger, 1959 ff.

Fontane, Theodor: *Werke, Schriften und Briefe.* Hg. v. Walter Keitel und Helmuth Nürnberger. (In den Abteilungen I–IV zu je mehreren Bänden.) München: Hanser, 1969 ff.; Teile hieraus in Taschenbüchern (München: dtv) und als Sonderausgabe (Darmstadt: Wissenschaftliche Buchgesellschaft)

Fontane, Theodor: *Große Brandenburger Ausgabe.* Hg. v. Gotthard Erler. (Mehrere Abteilungen, im Entstehen.) Berlin: Aufbau, 1994 ff.

Übergreifende Darstellungen:

Attwood Kenneth: *Fontane und das Preußentum.* Flensburg: Baltica, ^{2}2000

Aust, Hugo: *Theodor Fontane. Ein Studienbuch.* Tübingen, Basel: Francke, 1998

Cowen, Roy C.: *Der Poetische Realismus. Kommentar zu einer Epoche.* München: Winkler, 1985

Delf von Wolzogen, Hanna in Zusammenarbeit mit Helmuth Nürnberger (Hg.): *Theodor Fontane. Am Ende des Jahrhunderts. Internationales Symposium des Theodor-Fontane-Archivs.* 3 Bde. Würzburg: Königshausen & Neumann, 2000

Erler, Gotthard: *Zur Entstehungs- und Wirkungsgeschichte Fontanescher Romane.* Potsdam: Theodor-Fontane-Archiv, 1969 (Sonderheft 2 der ‚Fontane Blätter')

Grawe, Christian: *Führer durch Fontanes Romane. Ein Lexikon der Personen, Schauplätze und Kunstwerke.* Stuttgart: Reclam, 1996

Grawe, Christian und Helmuth Nürnberger (Hg.): *Fontane-Handbuch.* Stuttgart: Kröner, 2000

Kaiser, Gerhard: *Wozu noch Literatur? Über Dichtung und Leben.* München: C. H. Beck, 1996

Martini, Fritz: *Deutsche Literatur im bürgerlichen Realismus 1848–1898.* Stuttgart: Metzler, 1974

Mecklenburg, Norbert: *Theodor Fontane. Romankunst der Vielstimmigkeit.* Frankfurt a. M.: Suhrkamp, 1998

Mittenzwei, Ingrid: *Die Sprache als Thema. Untersuchungen zu Fontanes Gesellschaftsromanen.* Bad Homburg u. a.: Gehlen, 1970

Möller, Klaus-Peter: *Die Verlagsverträge im Theodor-Fontane-Archiv. Teil I.* In: Fontane Blätter 68/199, S. 29–72

Müller-Seidel, Walter: *Theodor Fontane. Soziale Romankunst in Deutschland.* Stuttgart, Weimar: Metzler, 1994

Nipperdey, Thomas: *Deutsche Geschichte 1866–1918. 1. Bd. Arbeitswelt und Bürgergeist.* München: C. H. Beck, 1990

Nürnberger, Helmuth: *Theodor Fontane in Selbstzeugnissen und Bilddokumenten.* Reinbek: Rowohlt, 1968 (viele Neuauflagen)

Nürnberger, Helmuth: *Fontanes Welt.* Berlin: Siedler 1997

Plett, Bettina: *Die Kunst der Allusion. Formen literarischer Anspielungen in den Romanen Theodor Fontanes.* Köln, Wien: Böhlau, 1986

Preisendanz, Wolfgang (Hg.): *Theodor Fontane.* Darmstadt: Wissenschaftliche Buchgesellschaft, 1973 (Wege der Forschung Bd. 381)

Reuter, Hans-Heinrich: *Fontane.* 2 Bde. Berlin: Verlag der Nation, 1995 (zuerst 1968)

Stadtmuseum Berlin (Hg.): *Fontane und sein Jahrhundert.* Berlin: Henschel, 1988

Wandrey, Conrad: *Theodor Fontane.* München: C. H. Beck, 1919

Über Fontane-Verfilmungen:

Biener, Joachim: *Fontane in den audiovisuellen Medien.* In: Grawe/Nürnberger, S. 982–1007

Schaefer, Peter und Dietmar Strauch: *Fontane in Film und Fernsehen. Zwischen ‚Werktreue' und Neuinterpretation. Mit einer Filmographie.* In: Fontane Blätter 67/1999, S. 172–200

Tesch, Gerd: *Roman und Romanverfilmung im Unterricht. Ein Modellvorschlag für die Sekundarstufe II – aufgezeigt an Theodor Fontanes Roman ‚Frau Jenny Treibel' und der gleichnamigen Verfilmung von Walter Jens.* In: Diskussion Deutsch 95/1987, S. 209–233

Zu *Frau Jenny Treibel*:

Betz, Frederick: *‚Wo sich Herz zum Herzen find't': The Question of Authorship and Source of the Song and Sub-title in Fontane's ‚Frau Jenny Treibel'.* In: German Quarterly 49/1976, S. 312–317

Böschenstein, Renate: *Das Rätsel der Corinna: Beobachtungen zur Physiognomie einer ‚realistischen' Figur aus komparatistischer Perspektive.* In: Bance, Alan u. a. (Hg.): Theodor Fontane. The London Symposium 1995. Stuttgart: Heinz, 1995, S. 273–296

Dieterle, Regina: *Die sieben Waisen und die Mädchenbildung. Zur pädagogischen Diskussion in Theodor Fontanes ‚Frau Jenny Treibel'*. In: Fontane Blätter 68/1999, S. 130–143

Friedrich, Gerhard: *Die Witwe Schmolke. Ein Beitrag zur Interpretation von Fontanes Roman ‚Frau Jenny Treibel'*. In: Fontane Blätter 52/1991, S. 29–46

Grawe, Christian: *Leutnant Vogelsang a. D. und Mr. Nelson aus Liverpool. Treibels politische und Corinnas private Verirrungen in ‚Frau Jenny Treibel'*. In: Fontane Blätter 38/1984, S. 588–606

Grevel, Lilo: *‚Frau Jenny Treibel'. Zum Dilemma des Bürgertums in der Wilhelminischen Ära.* In: Zschr. f. dt. Philologie 108/1989, S. 179–198

Jens, Walter: *Womöglich ein Socialist. Wilibald Schmidt aus Theodor Fontanes ‚Frau Jenny Treibel'* (1892). In: Härtling, Peter (Hg.): Leporello fällt aus der Rolle. Zeitgenössische Autoren erzählen das Leben von Figuren der Weltliteratur weiter. Frankfurt a. M.: S. Fischer, 1971, S. 181–184

Joch, Markus: *Auf Sie und Sie mit der dominanten Fraktion. Ein sozioanalytischer Nachtrag zu ‚Frau Jenny Treibel'*. In: Fontane Blätter 71/2001, S. 50–63

Kafitz, Dieter: *Die Kritik am Bildungsbürgertum in Fontanes Roman ‚Frau Jenny Treibel'*. In: Zschr. f. dt. Philologie 92/1973, Sonderheft S. 74–101

Neuhaus, Stefan: *Warum sich Herz zum Herzen find't. Die Bedeutung eines Schiller-Zitats für die Interpretation von Fontanes ‚Frau Jenny Treibel'*. In: Literatur in Wissenschaft und Unterricht 31/1998, S. 189–195

Poltermann, Andreas: *‚Frau Jenny Treibel' oder die Profanierung der hohen Poesie.* In: Theodor Fontane. Sonderband text u. kritik. München: text u. kritik, ^{2}1999, S. 131–147

Schäfer, Rudolf: *Theodor Fontanes ‚Frau Jenny Treibel'*. München: Oldenbourg, ^{3}1997

Schneider, Jost: *‚Plateau mit Pic'. Fontanes Kritik der Royaldemokratie in ‚Frau Jenny Treibel'. Ideengeschichtliche Voraussetzungen zur Figur des Leutnants Vogelsang.* In: Fontane Blätter 53/1992, S. 57–73

Soost, Hans: *Berliner Blau aus der Firma Kunheim.* In: Berlinische Monatsschrift 7/2000, S. 24–29

Stüssel, Kerstin: *‚Autodidakten übertreiben immer.' Autodidaktisches Wissen und Autodidaktenhabitus im Werk Theodor Fontanes.* In: Delf von Wolzogen, Bd. 3, S. 119–135

Wagner, Walter: *Erläuterungen und Dokumente. Theodor Fontane/Frau Jenny Treibel.* Stuttgart: Reclam, 1976

Wruck, Peter: *Frau Jenny Treibel. ‚Drum prüfe, wer sich ewig bindet.'* In: Grawe, Christian (Hg.): Interpretationen. Fontanes Novellen und Romane. Stuttgart: Reclam, 1991, S. 185–216

Internet-Adressen

http://www.fontanearchiv.de
(Das Fontanearchiv ist das Zentrum der Fontane-Forschung. Es beantwortet auch auf dem Postweg gestellte Fragen (Am Bassin 4, 14467 Potsdam))

http://www.theodorfontane.de
(Diese von Stefanie Agerer verwaltete Website bietet gute und aktuelle Informationen über Fontane und die Fontane-Szene.)

http://gutenberg.spiegel.de/autoren/fontane.htm
(Enthält eine reiche, Vollständigkeit erstrebende Textsammlung der deutschen Literatur. Fontanes wichtige Werke sind vertreten.)

Bitte melden Sie dem Verlag „tote" Links!

Hingewiesen sei ferner auf die CD *Die digitale Bibliothek der deutschen Literatur und Philosophie* (Berlin: Direktmedia, 2000), die auch eine große Auswahl von Fontane'schen Texten bietet (mit Suchfunktionen).

Frau Jenny Treibel – Verfilmungen:

Corinna Schmidt. DDR 1951.
Regie und Drehbuch: Artur Pohl.

Frau Jenny Treibel. BRD (Verfilmung für das Fernsehen/ARD/SFB) 1970.
Regie: Herbert Ballmann.
Drehbuch: Michael Dölfing.

Frau Jenny Treibel. DDR (Verfilmung für das Fernsehen) 1975.
Regie: Hartwig Albiro.
Drehbuch: Claus Hammel.

Frau Jenny Treibel. BRD (Verfilmung für das Fernsehen/ARD/BR) 1982.
Regie: Franz Josef Wild.
Drehbuch: Walter Jens.
Mit Maria Schell (siehe Titelabbildung).